JN023329

東京商店夫婦

写真・阿部了
文・阿部直美

交通新聞社

introduction

はじめに

私たち夫婦は二人揃って取材現場へ行き、ともに仕事をしている。そのことに、違和感もやりにくさも感じることはなかったし、むしろ気兼ねなく仕事ができてラッキー、くらいに思っていた。取材現場で、夫と私がそれぞれ名刺を手渡すと、「阿部」という同じ名字が目に入って、あれ？　という顔をされる。そこですかさず、「夫婦なんで、住所も一緒なんですよ」と私が言い、「まあ、仲悪いんですけど、一緒にやってます」と了が言う。先方はそこで、へえ、と顔を上げて「珍しいですねー、夫婦で一緒にやってるんですねー」と面白そうに私たちを見る、というのがよくあるパターンだ。

周りからは「よく夫婦で一緒にできるね」と言われる。そういう場合はたいてい「羨ましい」とか「真似したい」というのではなく、「よくやるよねえ」というニュアンスを含んでいる。「だって、家庭でも仕事でも一緒ってことでしょ」「そもそも、やりにくいでしょ」「あたしにはムリムリ、耐えられないなあ」。耐える、という言葉まで飛び出すのだった。

夫婦で一緒に仕事をしているのって珍しい？　本当に？　意識して周りを見るようになった。すると、やっぱりいる。夫婦で一緒に仕事をしている人たちは、あちこちにいた。うちの近所の豆腐屋、うなぎ屋、ケーキ屋だってよく見れば夫婦じゃないか。そうなのだ。商店っていうのは、夫婦で成り立っている場合が多い。親子、というケースもあるけれど、それもまた夫婦あっての親子である。いつしか私たちは、〝夫婦で同じ仕事をしている人たち〟に注目するようになっていた。

うちの近所のとり肉屋も、やっぱり夫婦でやっている。大型スーパーでまとめ買いをした日でも、とり肉だけはこの商店に寄って買う。寒いね、暑いね、晴れたね、風が強いね。お決まりの会話をしてから「もも肉2枚」と頼む。ご主人は「このまんまで（切

はじめに

らなくて）いいの?」といつも尋ねてくれる。そして、控えめに小さい肉を2枚選んで包む。一方、美人の奥さんは笑顔で手際よく、大きめの肉を包む。ちなみに肉は量り売りだ。

何気ないところで、夫婦の違いが見えて面白い。きっと本人たちに意識はなくとも、自然に培われた役割分担があって、言葉がなくとも互いの頭の中までわかってしまって、見守ったり任せたり、の関係があるのだろうなと思う。朝から晩まで、みっちり一緒に過ごす夫婦も多いだろう。結婚を機に、思いも寄らなかった仕事に就いた人だっているはずだ。

夫婦で夫婦の取材をしよう、と決めた。素朴な疑問はいろいろある。喧嘩（けんか）になるのはどんな時? 一緒にいるのが嫌になったらどうしている? 夫婦で仕事をする良さって?

テーマさえ決まれば、あとは早い。取材対象を探すのは、二人でやればいいのだ。人探しは、取材の肝。難しくもあり、面白くもある。そして、夫婦でやるとこれがうまくいく。朝ご飯の席で、「ねえ、次の商店夫婦どうしようか」とどちらともなく言い出して、前の晩に作った豚汁をふうふう食べる。「あ、こんにゃくおいしいね」「そういえば、こんにゃく作ってる夫婦っていうのもいいね」と、次の候補が決まったりする。こんにゃく、こんにゃく、と言いながら、東京で夫婦でこんにゃくを作っている人、を探すのだ。我が家には、仕事と暮らしの境目がない。さて、よその夫婦はどうなのだろう。

目次

1

一度も私の名前を呼んだことがないんです

鹿島製綿工場
製綿卸・布団屋（大田区上池台）

右
鹿島秀夫さん
昭和13年（1938）生まれ／東京都品川区 南品川出身

左
鹿島廣子さん
昭和21年（1946）生まれ／東京都台東区 蔵前出身

廣子　うちの店、綿布団しか置いてないの。「羽毛や羊毛も置いて」って言われるんだけど、お父さんが自分で作る綿の布団しか売らないって人だから。

秀夫　人間いっぱい汗かくのよ。それを吸収してくれるのは、なんてったって綿だからね。

廣子　笑っちゃうのは、法事やら何やらで店休むでしょ。「潰れたかと思っちゃった」なんて、お客さんから言われるのよ。

秀夫　うちは、もともとが製綿工場、綿の卸なんです。大正元年に祖父が南品川で始めて、親父が分家みたいな感じで、昭和30年に同じ製綿屋をここでやり始めたんです。あの頃23区に450軒くらいあった製綿工場も、今じゃあ10軒ほどかな。私の仕事はね、〝お得意さん〟って呼んでる30軒ほどの街の布団

1

屋さんを回って、うちで加工した〝玉綿〟を卸したり、打ち直しの布団を預かって加工したり、渡したりっていうのをやってるんです。

廣子　お父さんは、工場と配達。私は店番しながら、布団の側生地（がわきじ）を縫う専門。23歳で嫁に来た時、「布団の綿入れをやりたい」って言ったんですよ。「布団の学校に通わせて」って。嫁に来た以上、何かの時のために私もやっとかなきゃって思ったんです。そしたら、「女の綿入れなんて」って言われたの。だからもう、二度と言わない。

秀夫　ところがね、今うちのお得意さん30軒のうち、綿入れを自分の店でやってるとこは、みーんな女性がやってる。ただ、本質的に、綿は男の仕事なのよ。

廣子　工場の機械回したら、綿まみれでそりゃあすごいの。今の人たちは、やりたがらないわよ。うちの娘が、「お父さんが仕事辞めたらどうしよう」って言うんです。お父さんが作る布団が一番だって思ってるから。私もね、うちの布団が気持ちいいから、どこにも行きたくないくらい。干した時のぬくもりと匂い。やっぱり綿よね。うちなんか、孫がまだ赤ちゃんの頃、ベビー布団を車に積んで旅行に行ったのよ。最初の旅行の時、宿にあった化繊布団だと眠れなかったもんだから。子どもって特に汗かくでしょ。吸収する綿が一番。綿のこと知ってるお年寄りはね、孫の夜泣きが止まらないからって綿100パーセントのベビー布団を注文していくの。それだけ子どもってわかるのよー。うちはお父さんも私も、

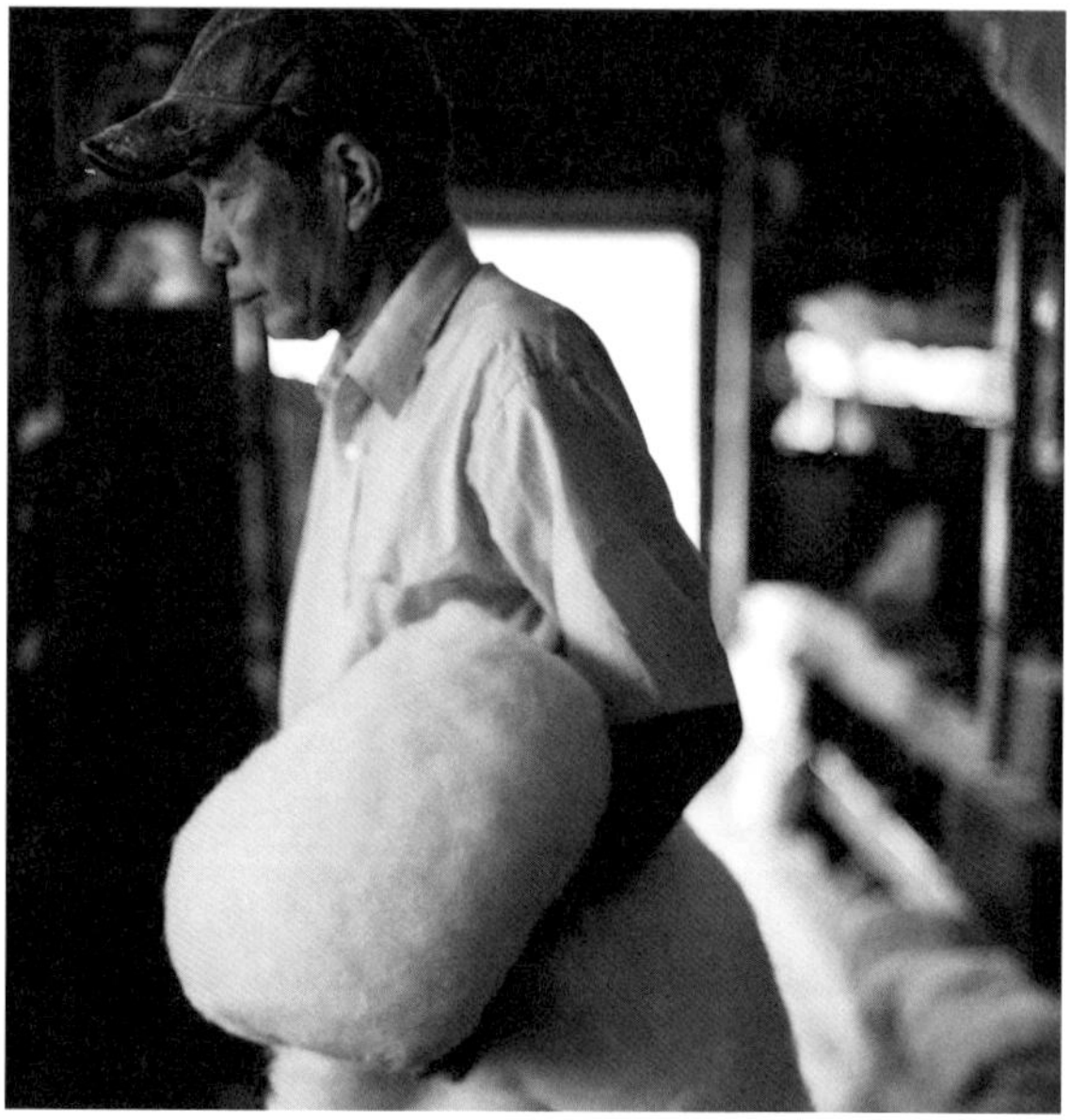

冬だって綿の布団だけで毛布もかけない。敷布団も掛け布団も綿のを2枚ずつ。私が前に布団カバーをかけたら、お父さんったら、夜中に起きてはがしてるのよ。カバーも嫌なんだって。綿の布団、そのまんまがいいって。

秀夫　うちで売ってる布団は全部、自分で調合した綿を使ってるんです。インドのアッサム地方の綿のなかでも、ゼッペル高原で採れる綿は弾力があって一番の高級品。インド中央から南で採れるのは、色が白くて柔らかい。何種類かある原綿を、2種類混ぜ合わせるの。混ぜ方は好みなんだけど、私に言わせると綿1種類っていうんは、単純すぎて味がないんですよ。

廣子　年中夫婦一緒だけど、この年になると全然喋（しゃべ）らないの。テレビだって見る番組が違うでしょ、食事も別々。私は膝が痛いし飲む人なもんだから、テーブル。お父さんは、向こうの茶の間。だって嫌なのよ。お父さんの前でビール飲んでると「一口くれ」って必ず言われるの。

秀夫　いやあ、私は体質的にアルコールがダメでね、養命酒を飲んでも顔が真っ赤。でも、ぐっすり休むために一口飲みたいと思って。考えてみたら、子どもたちが小さかった頃、家族4人揃って夕飯を食べた記憶がほとんどないんです。配達に忙しかったからなあ。

廣子　今の心配は、そこですよ。工場は年とってもできるけど、配達で回るのが大変よ。

秀夫　うちの倅（せがれ）は会社員で俺の後は継がないし、布団屋は私の代であと10年くらいで終わるんですけどね、私、未練は全然ないんです。ただ、最後まではやりたいから、面倒だなって仕事もきちんとやろうと思ってね。さて、工場を案内するために私は準備をしてきます。

廣子　……実はね、うちのお父さん、一度も私の名前を呼んだことがないんです。「何で?」って昔聞いたのよ。そしたら、「妹を呼んでるみたいでヤダ」って。義理の妹も、ヒロコなの。だからずっと「おーい」よ。最近は「ばば」。私は「じじ」って呼ぶんだけどね。新聞で見たことあるんです。うちみたいに一度も名前を呼ばなかった人が、死ぬ間際に名前を呼んだって。そういうもんかなあって、今は思ってますよ。

2

小突かれると急に、この人ペースが速くなるのよ

カットハウス シモヤ
理容店（武蔵野市吉祥寺南町）

右
下谷和子さん
昭和18年（1943）生まれ／青森県八戸市鮫町出身

左
下谷道晴さん
昭和18年（1943）生まれ／東京都品川区 南品川出身

和子 名前に惚れたのよ。それとね、この人の家に遊びに行った時、お義母さんが「利馬さん」ってお義父さんを呼ぶのを聞いて驚いちゃった。「さん」呼びよ。だから私も、22歳で結婚してからは「道晴さん」なの。

道晴 僕は「和子」だけど。都立の理容学校時代の同級生なの。同じ班で僕が班長、彼女は副班長。いまだにクラス会に行くと、班長って呼ばれるよ。

和子 二人とも、家が床屋だから。うちは、終戦後に青森県の八戸市で両親が床屋を開いて、私が中学に入る時に吉祥寺へ越してきたんです。八戸時代はよく停電してね、そうすると子どもの私が懐中電灯や蝋燭を持って、カットする親の手元を照らしてあげなきゃいけなかったの。ここを刈る時はこっち側、

2

向きを変えたらあっち側。手はだるくなるし飽きちゃうし、嫌でねえ。後を継ごうとは思わなかったけど、一人娘だったし、名前を絶やしちゃいけないって気持ちがあったのよね。

道晴 下谷って苗字、珍しいもんな。うちは兄貴(あにき)が床屋を継いだから、僕は外に出られたわけ。次男坊だろうと、他の職業なんて考えなかった。親戚も皆床屋だったしなあ。

和子 両親と私たち夫婦、仕事に関しては各自のやり方があるから、お互いに口を出すことはなくっても、まあいろいろ大変でしたよ。

道晴 そりゃそうよ。親子ほど、年が離れてるんだからさ。

和子 認知症になってしまった母がね、ある日カレーを作ったんです。その頃私、チョコレートケーキ作りに夢中になってたの。そしたら、母が冷蔵庫のチョコレートをカレールーと間違えちゃったのよね。私が悪いの。そのまんま入れておいたから。部屋の中に甘い匂いが漂って、ハッとした。誰もそのカレーを食べられなかったんだけどね、この人だけは食べたの。

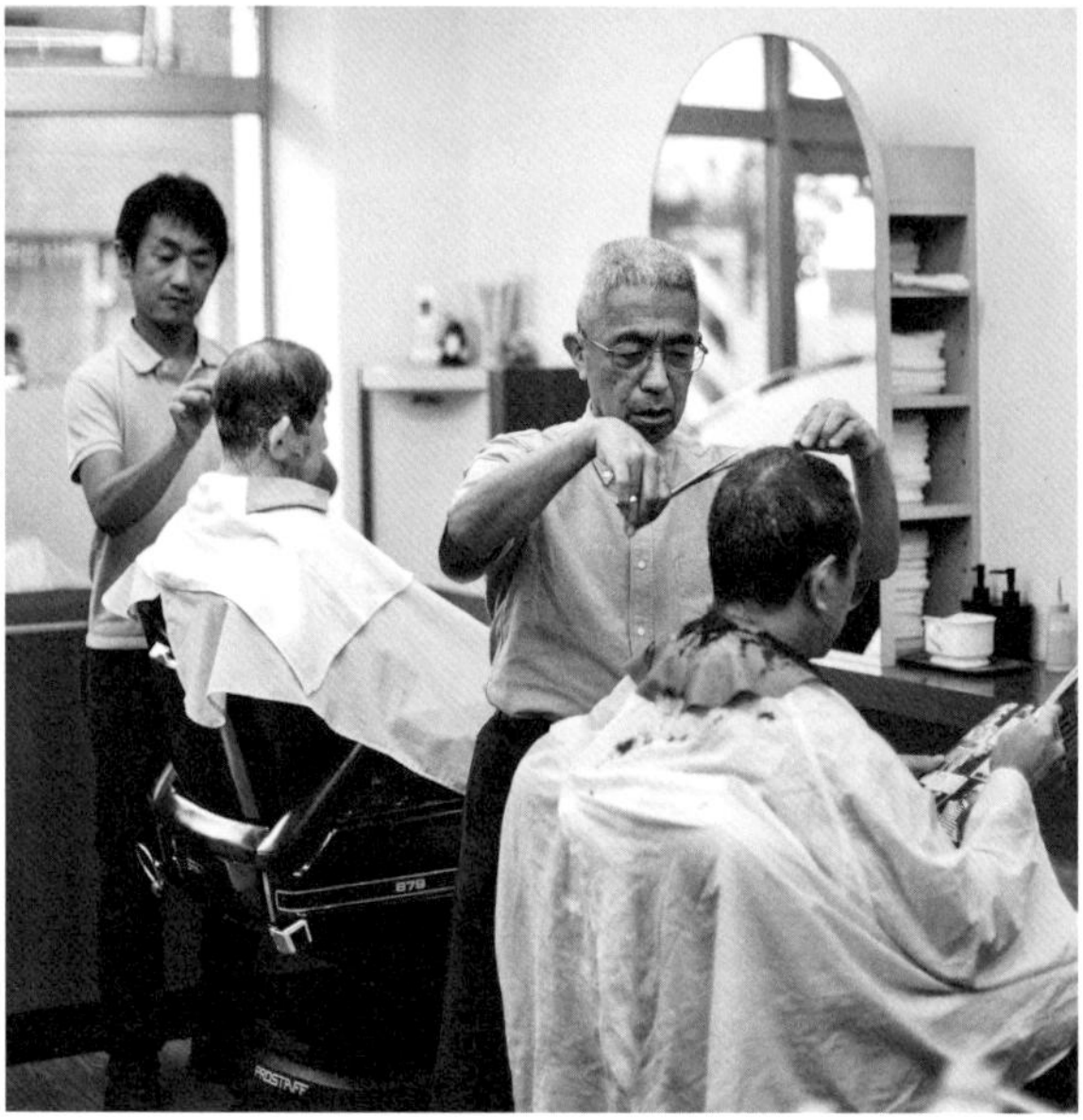

道晴 黙々と、食べたよね。

和子 そういう人なの。とにかく優しい。

道晴 最初の頃はさ、なかなかお客さんがつかなくて大変だったよな。バブルの時代だって、周りの床屋は皆忙しくしてて、ゴルフの会員権だの株だの買ってたけど、うちはそれどころじゃなかったもの。

車を買ったのだって、一番最後のほう。

和子　私は内職で、造花のコサージュ作ってたのよ。夜、花のパーツを作ってると、道晴さんが手伝ってくれるの。いつの間にか彼の方が上手になってた。

道晴　今でも作れるよ。結構好きなんだ。でもさ、苦労はしたけど、息子2人を大学へ行かせることができたよな。

和子　ところが、なのよ。証券会社に就職の内定をもらった長男が突然、就職せずに理容学校へ行くって言いだしたもんだから、目の前が真っ暗になった。

道晴　俺はさ、また100万かかるぞって思ったね。

和子　私ね、息子が保育園の頃、〝床屋の仕事はこんなにいいもんだ〟って誇れるような親になりたいって思ったの。でも、小学校を卒業する時、まだその言葉が言えなかった。中学、高校を卒業する時にも、私言うことができなかった。自分自身、まだまだって気持ち。その頃には、子どもたちは好きなことしたらいいと思ってたのよね。そしたら、大学を卒業した長男の方から、飛び込んできたの。

道晴　いやあ、それにしても、また100万かかって思ったよ。

和子　理容の学校出て、5年間修業に行って、お嫁さんの正子ちゃんまで連れてきてくれたの。正子ちゃんの家も床屋。

道晴　若い二人、本当に頑張ってるよ。息子は10年前、当時は珍しかったブライダルのシェービングを始めて、アメリカからも予約が入るんだもん。帰国したらお願いしたいって。

和子　うちは今、道晴さんと息子がカットして、私と正子ちゃんがシェービングっていう役割分担よ。

道晴　今日来た常連の〝のんちゃん〟なんかはさ、子どもの頃から切ってるの。小っちゃい頃は床屋嫌いでわーわー言ってたんだけど、その息子まで床屋嫌いだったからね、笑っちゃう。

和子　私たちも親子代々でやってるけど、お客さんも親子で通ってきてくれるから、嬉しいの。んだ、この人お喋りが止まらない時があるのよ。そうすると私、見えない所で足で小突くの。

道晴　そうそう。話が好きなもんだから、つい止まらなくなっちゃうんだよ。

和子　小突かれると急に、この人ペースが速くなるのよ。

3

こんにゃく屋ってものの存在さえ知らなかったんです

山栄食品
こんにゃく製造・販売（足立区千住河原町）

右
粉川和恵さん
昭和37年（1962）生まれ／神奈川県川崎市出身

左
粉川和久さん
昭和35年（1960）生まれ／東京都足立区 千住河原町出身

和久　こんにゃく屋の繁忙期は冬、特に年末年始なんです。小学5、6年生の頃から、冬休みっていえば店の手伝いでした。今みたいに温かい下着もない時代でしょ、セーターの上にヤッケ着せられても、まだ寒くって。

和恵　木箱を洗う水が冷たいの。

和久　父の車の助手席にちょこんと座って、お得意さん回りにもついて行きましたよ。当時はこんにゃくを包装しないで、ハダカのまま樽やバケツに入れて売っていたんです。ホースとバケツを持ち歩いて、店に着くと商品を補充して水を替える。各店のこんにゃくの管理は、うちでやっていました。

和恵　こんにゃくを入れていた樽の水は、石灰水なんですよ。

3

和久　当時のお得意さんは肉屋、八百屋、魚屋、豆腐屋っていう個人商店だったんです。昔は、正月って言ったら「すき焼き」ですよね。肉屋に大きな樽を置いておくと、年末100個200個のしらたきが売れたっていう、今じゃあ信じられない話ですよ。うちも特別な日はすき焼きでしたけど、牛じゃなくって豚でした。長ネギとしらたき、白菜、ちくわぶを入れて。

和恵　ちくわぶってところが、こんにゃく屋ならではかな、と思います。

和久　今も個人商店に卸してますけど、多くはスーパーです。他に学校給食とか。学校の場合、裸電球に1個ずつこんにゃくを透かして検品するんですよ。

和恵　給食は、なぜだか白こんにゃくの発注が多いんですけど、黒い点がちょっと入っててもダメ。ピンセットで、一つ一つ取り除くんです。黒い点はこんにゃく芋の皮なんですけどね、異物混入と思われてしまうので。

和久　うちみたいに小さなとこは、在庫を見ながらその日その日で作ります。こんにゃくの白と黒、刺身こんにゃく、糸こんにゃく、ところてん、ちくわぶ……。商品は20種類くらい。朝5時に起きて、6時ごろ店に来ます。店の上がもともとの自宅ですけど、私たちの住まいは別なんです。

和恵　朝ご飯は、ここで両親と一緒に食べます。お義父さんが毎朝作ってくれるので、甘えてるんですよ。大抵はご飯と味噌汁、納豆とサラダで、サラダ

はキャベツの千切りと玉葱をスライスしたものですね。義母が病気をしてから、義父が何でもやるんです。夕飯用に、煮物とかを持たせてもらうこともあるんですよ。

和久　ここは戦前まで「やっちゃ場」って呼ばれた青果問屋が並ぶ地域だったんです。昭和6年生まれの母が子どもの頃は、荷を積んだ大八車が道を行き交って、午前中は道の向こう側に渡るのも大変だったそうです。今も足立市場が近いので、朝6時ごろ市場まで配達に行くこともあるんですよ。

和恵　私は結婚するまで、こんにゃく屋ってものの存在さえ知らなかったんですね。親戚の紹介で6年前に結婚したんです。それまでが銀行勤めだったので、全くの畑違いじゃないですか。周りからは、「大変じゃない?」って随分言われました。でも、全然苦にならないんですよ。

和久　僕はね、父親と2人で店をやってて、将来どうなるんだろうって不安だったんです。よくぞうちに嫁いでくれた、って思うと本当に嬉しくって。そばに誰かいるって、あったかいなあって。

和恵　意外と知られてないんですけど、こんにゃく粉で作るこんにゃくは白いんですよ。「海藻粉」を混ぜることで、黒いこんにゃくになるんです。

和久　製造工程は、こんにゃく粉を熱湯で溶いて混ぜ合わせたら、凝固剤の水酸化カルシウム(消石灰)を加えて練って、箱型の木枠に流し込むんです。

和恵　練ったこんにゃくをホースで木枠に入れる時、へたするとこんにゃくに穴があくんですよ。ホースを木枠に押し当てるようにして流し込むとか、量を均一にして隙間を作らないようにとか、自分なりに工夫して箱の中に流し込むんですけど「こういうの嫌いじゃないんだなあ」って、自分でも驚いているところがありますね。お客さんから「美味しい」って言ってもらうと、やっぱり嬉しいですし。こんにゃくをマーボー豆腐に入れたり、ご飯と一緒に炊いてみたり。食べ方も、お客さんから教えてもらうことが結構あるんですよ。

和久　僕なんかは、普通の食べ方しかしてこなかったんですけど、最近クックパッドで検索したら、ちくわぶを短冊状に切って炒めて、甜麺醤で味付けするっていうのを見つけたんですよね。僕たちが、教えてもらってますよ。

4

お金は商店街で落とすってことなんですよね

パリーシューズ
靴屋（北区西ケ原）

右
中村俊久さん
昭和33年（1958）生まれ／東京都北区 西ケ原出身

左
中村歌子さん
昭和32年（1957）生まれ／東京都豊島区 駒込出身

俊久　霜降銀座生まれ、霜降銀座育ちです。
歌子　私は染井銀座生まれの染井銀座育ち。ほんの100メートル先の商店街です。
俊久　そんなに近いのに、区境なもんだから彼女は豊島区で駒込小学校。僕は北区の滝野川小学校。小さい頃は、お互いに知らなかったんです。
歌子　でも子どもの頃から、靴を買うのはここだったんです。OLになったばかりの頃、パンプスを買いに来たら、いつもは店にいない彼がいたんですよ。
俊久　僕はまだ大学生で、ラグビーに夢中でね。その日は、小遣い稼ぎで店にいたんですよ。一目見て、いいなあと。
歌子　本当は私、土いじりが好きで田舎で暮らしたかったんですよね。父は工務店の3代目で、母は道

靴でお悩みの方
ご相談下さい

4

一本隔てた所から嫁いできたから、実家がすぐ裏。私には〝田舎〟ってものがなかったんですよ。〝結婚して田舎へ行く！〟って、周りには宣言してたんですけど……。

俊久　靴屋は、親父が昭和27年ごろ浅草で始めたのが最初です。仲見世のちょっと外れの、小さい店だったとか。昭和30年にここへ移ってきたそうです。昔は、お客さんの足に合わせて木型を作るところからやってた靴職人だったんです。修理もしてました。それが、既製品の靴が出てきて、仕入れて売る方がメインになったみたい。当初は午前と午後の2回仕入れても、すぐに売れちゃったそうですから。

歌子　義父は、最後まで乗馬靴を作ってましたね。ここを建て直す時には、昔の木型がいっぱい出てきましたよ。

俊久　父の時代は高級靴を売りにしていたんですけど、だんだんと地域密着の品揃えになってきたんです。ベビーシューズから介護シューズまで、幅広く。下町だから、普段履きが多いです。

歌子　自分が4人の子どもを育てて、気づいたこともあります。4人とも、性格も違うけど足形も違う。子ども靴でもいろんなタイプを置くようになりましたね。お客さんの要望で雪駄（せった）や安全靴も扱うようになって、そのうち、学校の上履きだけじゃなくて体操着も置くようになりました。この辺り、個人商店がどんどんなくなっちゃって、取り扱う場所が他にないんですよね。商品の在庫置き場も、大変よ。靴

の札に「イマ右」って書いてあるのは、居間の右側。「キン」は金庫のある部屋。書いておかないと、わからなくなっちゃうの。

俊久　うちなんかは、ホントに小さい店だから、お客さんの生活スタイルとか要望を聞いて、品揃えできるんです。「こういう色がいいわ」って言われれば、浅草で仕入れてきますよ。〝買って買って〟オーラ、出てないでしょ。のんびり接客ですよ。

歌子　お喋りしに寄ってくれる人もいるんです。

俊久　ちょっと前まで僕目当てで来てくれるお客さんもいたんだけど、今じゃあ息子にシフトしてますよ。「お兄ちゃんいる?」って言うから「僕ですか?」って聞くと「若い方よ」って。

歌子　息子は、うちに入るまで洋服の会社に勤めていて、服と靴が大好きなんです。「ムカデじゃないの?」って主人が言ったくらい、イメルダ夫人並みに靴を持ってましたね。

俊久　うちはね、靴の配達もするんですよ。

歌子　私も自転車で配達します。重い物持ってる人には、「それも一緒に届けますよ」って。

俊久　そう、お互いさまですから。家内のスタンスは、お金は商店街で落とすってことなんですよね。

歌子　商店街で育ってますから。母もそうだったんですよ。魚は魚屋さん、野菜は八百屋さんで買うって。今はネットで安く手に入っても、あえて商店街で買いますね。

俊久　子どもが小さい頃、4人の手を引いて彼女が買い物してた姿、思い出しますよ。仕事と子育ての両方で大変だったと思うけど、いつもちゃちゃっと料理してくれてね、何でも美味しい。今でも頭が上がりませんよ。

歌子　料理が好きなんです。忙しくて疲れてる時こそ、美味しい物を食べたいですよね。実は次女がすぐ近くで一人暮らしをしてるんですけどね、「おかず、持ってってあげて」っていつも主人が言うんです。優しい人なんですけどね、ちょっと子ども扱いしすぎかなあって。

俊久　そうかな。

歌子　次女は仕事の帰りが遅いんですけど、主人は玄関の電気をつけに行ったりするんです。

俊久　帰ってきて、真っ暗だったら可哀想だよ。

歌子　ね、面白いでしょ。

5

性格的に、僕は和菓子だなあって

御生菓子司 いゝ島

和菓子屋（葛飾区柴又）

右
飯島靖博さん
昭和46年（1971）生まれ／東京都葛飾区 柴又出身

左
飯島いくみさん
昭和62年（1987）生まれ／茨城県 旧西茨城郡岩瀬町出身

いくみ　新しいお菓子が完成すると、「どうしよう、売れちゃうよ」「店、大きくなっちゃうかも」なんて二人で言ってるんです。

靖博　ヤバい、美味（おい）しいよって。

いくみ　バカ売れすることなんて、ないんですけど。二人で喜んでいてもダメなんで、試作品を義母（はは）や姉たちに食べてもらうんです。子どもは特に正直。

靖博　「甘すぎる？」「食感は？」って姪（めい）っ子に聞くと、「甘いっていえば甘いかなあ、どうかなあ」って。あれこれ考えて食べてないですよね。美味しければいいわけで。次はどんなお菓子を作ろうかっていうような話を二人でできるところが、店をやっている良さかなあ。

いくみ　例えば、夏らしいお菓子を作ろうって時に

笹の香り
ふまんじゅう
はじめての
お誕生日！
おめでとう
お赤飯

「あんずを使ったレシピを考えて」って、この人にふるんです。

靖博　「わかった」ってあれこれやってみて、材料的に無理がないか、酸味がどうとか、舌触りとかいろいろ試行錯誤の末、実際にレシピを考えるのは私です。この夏、あんずのふまんじゅうを作りました。実は私、老舗の和菓子店で20年職人として働いていたんです。経験は長いけど、組織の中にいたから決まった作り方なんですよ。それに、作る専門だから売り方はよくわからない。それに比べて彼女は独創的っていうか、発想が面白いっていうか。和菓子のアイデアも、売り方を考えるのも、彼女がいると頼もしいんです。

いくみ　最近、どらやきの包装を変えたら、売り上げが良くなったんです。何でも自由に決められるのが、楽しいですね。私たち、いいとこどりなんですよ。この店は飯島の両親が始めて、その頃からのお客さんが来てくれます。義母は赤飯やいなりずしなんかのご飯ものや、おはぎ、大福っていう朝生を売ってきたので、今もご飯ものはお義母さん。そのかわり、今まで作っていなかった上生菓子やゼリー、どらやきみたいなものを、私たちが新しく挑戦できるんです。私の実家は茨城で和菓子と洋菓子の店をやっていて父で3代目なんですけど、もし私が実家に戻っていたら、自由にやるっていうよりも今までの仕事を受け継ぐことになったと思うんです。

靖博　うちは父が早くに亡くなって、母一人で店を

やってきました。私は結婚していなかったら、ずっと勤め人の和菓子職人のままだったと思います。人生わからないなあ。

いくみ　私は、本当は洋菓子をやろうと思って製菓の専門学校に入ったんです。子どもの頃からケーキが身近にあったし、好きだったんですよね。ただケーキを作るにはいろんなパーツが必要で、そのたびにバターや生クリームを使うから洗い物がすごい。向いてないなあって思って。

靖博　そう、洗い物。私も専門学校時代それが嫌で。和菓子って包むとか隠す技なんですよね。性格的に、僕はそっちだなあと。

いくみ　そうそう、私もそう思った。和菓子は、材料もシンプルです。基本的に生地があって中身のあんこがあって、それを包めばいいんで。

靖博　ケーキやパンって思いつきでは作れないんですね。逆算して作業を組み立てていかないと。それに比べると、和菓子はもうちょっと自由が利くっていうのかな。私は、あんこを練ってる時が一番無心でいられて好きです。勤めてた時には、10年ずっとあんこを練ってました。その勤め先のOBの呼びかけで、和菓子業界のいろんな人が集まる集まりがありまして、そこでうちのと出会いました。

いくみ　5年務めた和菓子屋を辞めて、次はどこへ行こうかなって考えていた時だったんです。実家に帰ろうかなって思っていたら、この人に会って、トントン拍子で結婚が決まって。ある程度付き合ってから、結婚しましょうって流れじゃなかったものね。最初からもう、「結婚してください」だった。うちの親なんか「その人どっから現れたの？」って。

靖博　いやあ、年が離れてるでしょ。こっちはもう40歳近くになってたし、逃すものか、と。

いくみ　今、3歳と1歳の男の子がいるんで毎日がドタバタなんです。普段は保育園に預けてて、義母には何かの時に見てもらったり食事を助けてもらったり、何とか乗り切ってます。私たち夫婦がメインで店をやるようになって、少しずつ品数も増やしてるんですけど、まだまだこれからですね。実けちょうど5年前の今日入籍したんですよ。

靖博　ホント、人生どうなるかわからないもんですねえ。いろんな意味で、欲がなくなってゆるーく力が抜けた時に、物事って動き出すんだから。

6

すごいんですよ。集金に行って、説得してくるの

菅谷精米店

米屋・燃料屋（江東区豊洲）

右 菅谷満雄さん
昭和23年（1948）生まれ／東京都江東区 豊洲出身

左 菅谷政代さん
昭和24年（1949）生まれ／千葉県香取市 府馬出身

政代　「菅谷さんちは、何のお米を食べてるの？」ってよく聞かれるんですけど、いつも業務用のお米です。食べたいから食べる、っていうより、味見よね。だから、混ぜご飯や炊き込みご飯にはしないんです。白いままで。

満雄　今も裏で精米機の音がしてますけどね、あれが業務用の米です。豊洲っていう土地柄、工事現場の飯場や食堂が多いので、そういう所に配達するんですよ。昔は御用聞きして、家庭用の米を配達するのがメインだったけれど、スーパーで安売り合戦してる今は、うちみたいな小売店では太刀打ちできませんから。年間を通じてなるべく味が変わらないように、粘り気や甘みの違う銘柄を、何種類か混ぜ合わせるんです。いまだに試行錯誤よ。だから毎日、

菅谷精
(531) 203

6

自分たちで食べてみるの。

政代　とはいっても、今は二人だから一日2合で間に合っちゃう。娘と息子が家にいた時には、義父母も合わせて6人、そうそう、キューバ人の留学生がルシアさんもいた時には7人だから、毎回5、6合炊いてたわよね。

満雄　若い頃は、3食米を食べてもお腹(なか)すくから、4時ごろパンやお好み焼きなんかのおやつもしっかりと食べてましたよ。力仕事ですからね。豊洲は今でこそこんなにビルが建ってるけど、造船所があったりして工業地帯でした。昭和24年に木造平屋の都営住宅が建ってね、そこに住む人たちのためにって、この一帯を商店にしたんです。父がここで店を開いたのが、昭和29年。

政代　魚屋、肉屋、八百屋って各業種が商店街に入ったのよね。

満雄　当時の米は、まだ配給制だったんです。誰でも好きな場所で米が買えるわけじゃなくて、登録した米屋でしか買えないの。米屋は、登録数に応じた量しか米を仕入れることができなかったんです。だから父は最初、登録替えをお願いするために、各家を回ったんです。それで、配給日前になると専用の袋をお客さんから預かってきて、米を精米して各家に届けていました。

政代　その布袋をね、まだ持ってるって人がいるのよね。私見せてもらったもの。15キロくらい入る袋だったと思う。私たちが結婚したのは昭和50年なん

です。知り合いの紹介だから、人柄に関しては間違いはないって思ってね。ただ、お米屋さんってもっと暇なのかと思ってたらとんでもない。座ってる間がなかったの。

満雄　この人の家も、商家だったんです。

政代　その昔は近くの農家からタバコの葉を集めてたばこを作ってたそうですけど、私が生まれる頃には、実家は乾物屋をやってました。6人兄弟の末っ子でね、私、かなり自由奔放でしたよ。まさかこの私が、力仕事ができるなんて、周りは誰も思わなかったんじゃないかな。

満雄　米屋の仕事って、玄米を精米して配達するってことでしょ。この人は、配達の準備や伝票書きで忙しかったんです。

政代　昔はね、月ぎめとか年末払いとかで、まとめて各家庭から代金をいただいていたんです。

満雄　帳簿つけて、管理してたわけ。すぐに支払わなくってもよかったんです。当時は、そういう商いでしたから。人と人との信頼関係で成り立っていた、っていうのかな。

政代　ただ、中には代金を払えるのに、払わないで済ませちゃおうって人もいたから大変だったのよ。

満雄　彼女はすごいんですよ。集金に行って、説得してくるの。お金をその場で取ってくるんじゃなくて、後でちゃんとその人が払いにくる。

政代　べつに啖呵(たんか)切るわけじゃないのよ。ちゃんと話すとね、「わかりました」って言って、本人が後で支払いに来てくれるんです。ただ、帳簿なんかは亡くなった義父がしっかりとやってて、私はノータッチでしたけど。

満雄　父はね、千葉の農家の次男坊で、本当は学校の先生になりたかった人なんです。でも、高等小学校を出てすぐ、米屋に住み込みで入ったんですね。成績優秀で、全部「甲」の成績表を見せてもらったことがあるもの。90歳過ぎても、自転車に米を積んで配達してましたよ。

政代　5年前にお義父さんが亡くなってからは、私も配達に行ってるんですよ。自転車の後ろに米袋を括(くく)りつけて、階段も持って上がるの。10キロの米袋ふたっつくらい、普通に持てます。30キロだって、持っちゃう。今じゃあすっかり米屋のおかみさんよ。でもね、幸せ。間違ってなかったって思ってます。

7

僕らは、家にお邪魔するのが仕事なんです

ライフテクトイトウ

電気屋（八王子市中野町）

右
伊藤直樹さん
昭和39年（1964）生まれ／東京都八王子市出身

左
伊藤かおるさん
昭和39年（1964）生まれ／東京都八王子市出身

かおる　お客様から電話をもらうと、ぱっと顔と家の間取りが浮かぶんです。「テレビが壊れた」って言われたら「2階のですか？　1階のリビングのですか？」って。「2階」って言われると名簿を見て「もう15年経ちますね」って、修理の準備をするんです。テレビなしではいられない方のために、貸し出し用を持って行く場合もあります。エアコンが壊れたら扇風機をお貸ししたり、冷蔵庫の時はクーラーボックスに氷を詰めて行ったり。

直樹　僕らは、家にお邪魔するのが仕事なんですよね。時には、屋根裏から床下まで見せてもらう場合もあります。お客さんに信頼してもらえて、初めて仕事ができるんですよ。今うちは、シマウマ模様の車で「どこへでもトンデ行きます」って言ってるん

Panasonic
Panasonic
Panasonic
ご相談
無料

7

です。これは、町田市にある同じライフテクトグループの山口勉さんがやり始めたことで、いいなあと思って真似させてもらっているんですよ。車にはいつも脚立を入れておいて、「電球の球が切れちゃった」とか、「あそこのモノ取って」って言われた時に、すぐ対応できるようにしてるんです。

かおる　最近はお邪魔した家の玄関扉がバタンって勢いよく閉まっちゃうので、ドアクローザーを調整したら喜ばれたのよね。

直樹　今はこの仕事、本当に天職だなあと思ってるんですよ。ただね、子どもの頃は嫌でね……。山梨から出てきた父が、ここでナショナルの店を始めました。私が小さい頃、真空管がいっぱい詰まったジュラルミンケースが家にあったのを覚えています。テレビを修理する時、親父が持って行くカバンだったんです。私も電気関係は好きだったんですよ。小学生の時にアマチュア無線の免許が取りたくて勉強したり、トランジスタラジオを組み立てたりしましたから。でも、中学生くらいになると、親に対する反発心が出てくるじゃないですか。例えば、家の中で夫婦喧嘩をしていたのに、ピンポーンってお客さんが入ってきた途端に「いらっしゃい」って全然違う声で店に出ていくのを見て、嫌になるとか。小学校の卒業文集を見返したら、将来の夢に「電気屋」って自分が書いていて、親に洗脳されている気がしてがっかりしちゃったりとか。でも何だかんだ言いながら、継いだんですよね。私ね、高校を卒業後に「松

下電器商学院」っていう、松下幸之助が設立した電気屋の跡取りたちのための学校に入ったんですよ。

かおる　滋賀県にある1年間の全寮制の学校です。私も何度か訪ねて行きましたよ。私たち中学の時の同級生で、高校2年生から付き合い始めたんです。

直樹　面談場所は、ガラス張りでね。「伊藤の彼女が来るぞ」って、皆が集まってくるんですよ。朝は太鼓の音で起きて、朝礼で皆が自分の故郷の方向を向いて礼をするんです。走ったり、ゴザの上で正座して論語を読んだり。

かおる　剣道やお茶もね。

直樹　北海道から沖縄まで150人くらいが、4人部屋で生活しました。あの時は、なんで電気屋になるのにこんなことをしなきゃいけないんだって思いましたよ。でも扱うのは電化製品でも、その向こう側にはいろんなお客様がいますからね。今となっては、あの経験が生きているなあと思いますね。

かおる　結婚して、お義母さんに「はい、ドライバー持ってアンテナ線の先にプラグをつけましょう」って言われても、私は戸惑うこともなかったんです。もともと実家の父が、トンカン大工仕事をやるのが好きで、母は母で電気の配線とか自分でやっちゃう人だったんです。

直樹　クーラーの取り付けや冷蔵庫を設置する時とか、一緒に汗水垂らして働いてもらった時期もあります。

かおる　作業を横で見ているので、自然と仕組みがわかるようになりましたね。

直樹　うちは普段から仕事と休みの境があまりないので、定休日は彼女の好きなディズニーランドによく行くんですよ。

かおる　パークにいる時、横を見ると彼が電話しているんですよね。仕事だなって思うんですけど、その日は私に気を使って何も言わないの。

直樹　でも職業病でしょうね。アトラクションを楽しみながらも、「これはアンティーク風だけど、LEDを使ってるね」とか、「全部で何ワットで、電気代はどれくらいかな」とか、二人ともついそういうのが気になって。

かおる　パークは、お客さんを喜ばせるために、いろんな工夫があるんですよね。あれを私たちもやりたいなって、いつも思うんですよ。

8

通勤する豆腐屋ならいいかなって

カネナカ豆腐店

豆腐屋（豊島区長崎）

右
諸田裕史（もろだひろし）さん
昭和36年（1961）生まれ／東京都豊島区 長崎出身

左
諸田朝代（もろだあさよ）さん
昭和38年（1963）生まれ／東京都江戸川区 松島出身

裕史　油揚げって豆腐を薄く切ったのを揚げると思っている人が多いんだけど、実は違うんです。大豆とにがりを使うのは豆腐と同じだけど、全く別工程。うちは大豆白絞油（しらしめゆ）を使って、最初は低温の120度で、次に200度の油でカラッと揚げます。

朝代　主人の横で、私はおいなりさん用に売るために、油揚げの中を割いておくんです。冷めると、くっついてうまく割けないのよね。表面に傷があるものは刻んでおきます。これが人気があってね、冷凍しておくと、後で使う時に便利なんですよ。

裕史　店は、昭和38年に父親が始めました。父は群馬県の旧赤城村の出身でね、上京した時、食べ物屋の前に人が行列しているのを見て、俺も仕事するなら食べ物で、って考えたらしいです。それで、同じ

(958)1841

8

群馬出身の社長がやっていたこんにゃく屋で働いていたんです。こんにゃくの配達で豆腐屋へ行くでしょ。その仕事を見て、面白そうだなあって思って、自分も豆腐屋を始めたんですよ。さぼってたんだね。だって、よその仕事を見ていたんだもの。見様見真似で店を始めたんです。父が勤めていたこんにゃく屋の屋号『カネナカ食品』から『カネナカ豆腐店』にしました。今も社長が、うちの店にこんにゃくを配達してくれますよ。

朝代　私は、まさか自分が豆腐屋をやるとは思いませんでした。主人は、大学の先輩なんです。

裕史　私はね、絶対にサラリーマンになるって決めていたんですよ。小さい頃は、店の上が自宅でね、学校へ行くのも帰るのも店を通らなくちゃいけなかったし、2階にいると「ちょっと手伝って」って言われるのが嫌でねえ。商店街に住んでいると、自分は知らないのに、周りの人たちは〝豆腐屋の子〟って自分を知ってるの。それも、嫌だったよね。とにかく外へ出たいって思って、高校は自転車で通える都立じゃなくて、定期券持って電車通学できる私立にしました。大学時代は、すぐ近くのアパートで一人暮らし。本当はね、外でアルバイトもしたかったんだけど、親に店を手伝ってほしいって言われて、しぶしぶうちでバイトしました。

朝代　店はやらないって言ってたんです。大学卒業の時には、就職先も決まっていたのよね。

裕史　外食産業で内定を貰っていたんです。そしたら、卒業の前に父が体を壊して入院しちゃった。親から継いでくれって言われたことはないんですよ。でも子どもは私しかいないし、やるしかないなあって思ってね。ただし、この上には住まないって決めたの。通勤する豆腐屋ならいいかなって。今、徒歩1分の所に家があります。朝4時半に仕事始めるから、電車通勤はさすがに無理だよね。夜7時に店を閉めて、7時半には家で夕飯です。私はね、暑くても寒くても帰ったらまず350ミリリットルの缶ビールを1本飲む。キリンね。ああ今日も仕事が終わったんだなって思うんです。それ以上は飲まない。ご飯食べてテレビ見ていると、こたつで寝ちゃうんですけどね。仕事と家の切り替えの1本が大事なの。

朝代　お店をやってて良かったって思うのは、「美味しかった」って声をかけてもらえることです。「この豆腐じゃなきゃダメなの」って、保冷材持って遠くから買いに来てくださる方もいて。毎日来る年配の方はね、「3日来なかったら心配して」って電話番号を教えてくださったから、うちのほうも、あれ？　顔を見ないなって思うと安否確認しています。夕方に来られて「今日初めて喋るのがお豆腐屋さんよ」って方もいてね、うちの主人も止まらないほうだから次のお客さんが来るまでお喋りして、そういう時間もいいなあって思います。

裕史　うちは豆腐一丁150円なんですね。「池袋のデパートなら200円出しても、椎名町だったら150円かな」ってお客さんは言います。毎日のことだと、そうだよね。

朝代　私がお嫁に来てから、1回値上げしただけなんですよ。大豆が高騰したってニュースが流れると、お客さんのほうが「大丈夫？　お豆腐屋さんがなくなったら、困っちゃうんだからね」って心配してくださるんですけど、何とかここまで頑張ってきました。こういう商売は、10円値上げするのも大変です。

裕史　今もね、心のどっかに自分がサラリーマンだったらどうだったかなって気持ちがあるんです。娘と息子はもう社会人なんですけどね、自分たちの好きに生きてほしいってずっと思ってきたので、店の話はしたことがありません。両親が亡くなって随分経つんだけど、いまだにしょっちゅう二人が夢に出てくるんですよ。夢の中でも、いつも店で働いているんですよね。

奉祝 天皇陛下御即位三十年
目町會

店を継ぐということ

「親の背中を見て子は育つ」と言うけれど、背中どころかすべて丸見え、が個人商店じゃないだろうか。朝から晩まで働く親の姿を目にして、時には愚痴や夫婦喧嘩(げんか)だって耳に入ってくる。そのうち、後継ぎという無言のプレッシャーも加わる。

「実はね、後を継ぎたくなかったんですよ」という話をあちこちで聞いた。私自身、親は勤め人で商売とは無縁の家庭で育った。だから、思うのだ。私が商店の子だったら、苦悩して反発しただろうな。いや、きっと逃げ出した。親とはそりが合わなかったからだ。それに、狭苦しい田舎を出て外の世界を見たかった。将来なんて何も決まっていなかったから、気楽で無謀で自由だった。

「じゃあ、どうして継いだんですか?」と質問すると、うーん、と皆さん考え込む。「だって、そういうもんだよ」「親を見てるから自然とそうなるよねー」。親の背中の力は、強烈なのだ。『カネナカ豆腐店』の諸田さんなど、「いまだに亡くなった両親がしょっちゅう夢に出てくる」と言っていた。しかも、「二人して夢の中でも働いているんです」というのだからすごい。

取材の日、夕方になると『カネナカ豆腐店』には、顔見知りのお客さんが次々とやってきた。「木綿豆腐と油揚げ2枚お願いね」とか「絹がいいわ」と言って、財布から百円玉を数枚取り出す。千円札を出す人はまれで、一万円札が出てくることはない。その時、気づいたのだ。私がこれまで豆腐屋で買い物をしても、豆腐と油揚げ３００円でおつりがきた。それって、安すぎるじゃないか。半日諸田さんの仕事を見ていて、豆腐作りにどれだけ手間がかかるのかわかったからだ。前の日、豆を水に浸すところから始まり、朝4時半から仕事を始める。豆腐作りは洗い物が多く、流し場では水をジャージャー流す。注文のたび、冷水に手を入れて豆腐を取り出す。取材したのは1月で、夕方には店に立っているだけで足元から凍えそう

店を継ぐということ

になった。それなのに1人の客が使うお金は数百円である。さらに妻の朝代さんが「お嫁に来てから、1回値上げしただけなのよ」と言うから思わず耳を疑った。「10円、20円の値上げするのも悩んで悩んでねえ。それでお客さんが離れちゃったらどうしようと思うと、なかなかできないの」。絹ごし・木綿豆腐の値段が税込みで一丁150円だった。

頭が混乱した。だって、そうだ。物の値段って一体なんだ？ 例えばパン屋。季節のフルーツのデニッシュとか、国産小麦を使った自然酵母のパンとか、店のこだわりは値段に反映するものだ。ちょっとくらい高くても、こだわっているからね、と客はパン屋で千円を普通に払う。和菓子、洋菓子だって、店によって値段が違うのは当然と客は思っている。じゃあ、豆腐は？ 原材料は大豆とにがり。シンプルゆえに、材料次第で味に違いが出る。諸田さんは取材時、エンレイという国産大豆と天然にがりを使っていた。余分なものは何も入れていない。こだわって手をかけた品なのに、原材料が値上がりして消費税だって上がっているのに、10円の値上げさえ気が咎めるというのだ。

豆腐の場合、付加価値をつけて値段を上げ、儲けを出すわけにはいかないということか。求められているのは、これまでずっと通ってきてくれたお客さんを裏切らない味と値段。それが、街の豆腐屋の役割ということ？ 「今日初めて喋るのがお豆腐屋さんなの」と言って嬉しそうにお喋りをしていく人がいた。「旅行に行ったのよ」とお菓子を持ってくる人、野菜のおすそ分けをする人もいた。顔が見える関係だからこそ、10円の値上げさえも躊躇してしまう。スーパーでパックに値段を印字して売る商品とは、根本が違う。

店を継ぐ、ということは役割を継ぐ、ということなのかもしれない。その土地で暮らす人たちとの関係性や皆の大切な食卓や、目に見えないいろいろを、全部ひっくるめて引き継いだのだ。

「親から継いでくれって言われたわけじゃないんですよ。自分で決めたんです。どこかへ就職しても私の代わりはいくらでもいるけど、この店で私の代わりはいないからね」。諸田さんの夢に出てくるご両親は、頑張る息子夫婦と今も力を合わせて働いているんじゃないか、と思えてしまった。

9

ずっと祭りとともにやってきたって感じ

秋山三五郎商店

神仏具店（中央区八丁堀）

右
秋山キヨさん
昭和10年（1935）生まれ／新潟県 旧南魚沼郡大和町出身

左
秋山有（たもつ）さん
昭和6年（1931）生まれ／東京都中央区 旧西八丁堀出身

キヨ　このうちに嫁に来たら、名前を一文字変えるんですって。舅（しゅうと）の亀太郎さんに「キコでいいか？」って聞かれて「いいですよ」って答えてね、それからは家でも近所でもキコちゃんで通ってるんです。

有　店はじいさんの三五郎が始めました。老舗の『安田松慶堂』に丁稚（でっち）で入ってね、一番番頭になった後、独立したんです。神輿（みこし）好きで、鉄砲洲（てっぽうず）稲荷神社の本社神輿はじいさんが作ったの。仏壇の扉や欄間なんかも彫ってたけど、当時はほとんど神輿のものがうちの店に並んでたんです。

キヨ　私が来た時には、仏壇が並んでいました。亀太郎さんと主人の2人で彫刻をやってたのよね。それで仕事が終わるとこの人、皇居の周りを走りに行ってたって話だから。ボクシングやってたんですよ。

神佛師
秋山神佛具店
松屋町

9

有　17歳で始めたんです。当時は、拳闘って言ってたね。

キヨ　お父さん（有さん）は4人兄弟の長男で、全員が男。弟たちは、皆いい男なんだけどね。

有　俺の鼻はぺしゃんこ。両目も切れちゃってね。世界チャンピオンになった白井義男のトレーナーやってた内山先生が俺のことを可愛がってくれて、プロにしてくれたんです。ホントはさ、フライ級で、全日本の5位までいったんです。ボクシングやると彫刻刀持つ手が震えるからダメなんだけど。親父は何も言わない人でしたから。周りの人に「秋山んとこの倅は拳闘なんかやって不良だ」って、さんざ言われましたよ。〝見当〟違いだよ。親父がさ、「うちの倅が喧嘩で人を殴ったことがあるか？　バカヤロー」って言うと、皆黙るの。

キヨ　亀太郎さんは、睨みの利く人でしたよ。眼鏡越しにぐっと見ると迫力あったもの。そのかわり、近所の子どもたちを可愛がったわよね。私も随分可愛がってもらいました。何せ、仏具屋のことも東京のことも何一つわからなかったもの。高校を卒業して歯医者に勤めて、結婚するまで故郷の新潟を出たことなかったから。この人とは、知り合いの紹介で、まあ、見合いみたいなもんです。

有　俺は長男なんで、親父が亡くなってからはボクシングをやめてこっちに専念しました。

キヨ　仏壇、仏像、お位牌。寸法やら値段やら、最初はわからないことばっかりでね。長男の恵一をお

ぶってガラス磨きなんかしてると、ゆっさゆっさ揺れるのね。「恵一くんが起きるから、もう少し静かに拭けば?」なんて近所の人に言われるくらい、無我夢中だったんですよ。

有 親父の彫ったものがあるけど、それは売らないんです。お不動さまが、特にうまかったなあ。三五郎のものは、神輿以外残ってないんですよ。空襲で、ここら一帯は全部焼けたから。

キヨ おばあちゃん(姑)から聞きました。炎が青かったって。

有 うちの3階に神輿や仏壇が置いてあって、それが全部燃えたから。金物が燃える時には、青い炎が出るんですよ。

キヨ 彫刻刀は命だから、お父さんが自転車の後ろに積んで逃げたのよね。だから戦後、亀太郎さんが仏像を彫ってお金に換えられたって聞きましたよ。

有 俺もいろんなことをやりました。彫金師の親方と一緒に、あちこち行ったりもしたなあ。

キヨ 50代の頃、私が作る弁当持ってあちこち行ったものね。浅草寺の観音様がいる所の扉や屋根の金具の修復とか、五重塔の張り替えとか。お父さんは、仏壇の欄間や扉なんかの大物をやる職人。あとは、三五郎さんの頃からの神輿よね。八丁堀にいくつかある町会の神輿は、お父さんが作りました。ここに写真があるけど、佃の住吉神社の八角神輿の制作は長男です。

有 神輿を継いでくれたからね。あれは、俺より器用だよ。だから今は余計な口は出さないの。

キヨ 神輿の修理もやってます。それと、今年も次々と祭りの予定が入っててね、神輿の取り付けと片付けを頼まれてるんです。

有 作るだけじゃなくって、若い頃は担ぐのも好きでしたよ。うちは、6月の山王祭の時のお神酒所(みきしょ)になってるんです。

キヨ 神様をお祀りして、ここで一杯飲むんですけど、私は嫁にきてからずっとその日の料理を作ってます。築地に行って刺し身を買ってきてね、あとは煮物をしたり揚げしたり。店先に幕を張るから、祭りの前になると、ちょっとずつ蝋燭(ろうそく)やら線香やらを奥に片付け始めるんです。ほら、年とるといっぺんにはできないから。うちは、これまでずっと、祭りとともにやってきたって感じよね。

二股をかけるってことがどうしてもできない人間でね

小山商店

酒屋（多摩市関戸）

右
小山明子（あきこ）さん
昭和24年（1949）生まれ／東京都日野市出身

左
小山喜八さん
昭和23年（1948）生まれ／東京都多摩市出身

喜八　僕が店を継いだばかりの頃、酒屋といえば「御用聞き」だったんです。何曜日はどこの地域って決めて、100軒、200軒の家を回るんです。

明子　当時は携帯電話がないから、無線を使ったんですよ。私もね、まだ小さかった子どもを連れて無線の免許を取りに行きましたよ。主人から「○○さんにビールとみりんを置いてきて」って無線が入ると、私もビール瓶を抱えて団地の4階に運んだりしてね。全然苦じゃないの。商売は好きだったの。お客さんから注文の電話をもらった場合は、伝票に十円玉をつけておいて「お電話ありがとうございました」って、お返ししてましたね。私サラリーマン家庭で育って、買う側の気持ちがわかるから。

喜八　彼女が商売に向いてるのは、出会った時にわ

五十嵐酒造株式会社
小山酒店
洗心
久保田
大吟醸

10

かりましたよ。実はね、僕のいとこに連れられて、家内の家に遊びに行ったのが大学1年の時なんです。彼女は高校3年生。皆で一緒にトランプをしたんですけど、笑顔も良かったし、何より明るくてね。結婚するなら、彼女がいいなあって思った。うちの商売の形態を変えたのは、親父が58歳で倒れた時です。「これからは、お前の好きにやってもいいよ」って言われて、日本酒に力を入れることにしたんです。蔵元を訪ねようって。最初に口説こうって決めたのが、新潟の「八海山」だったね。「今はモノがないから我慢して」って言われて、貰(もら)えるまでには3年かかりました。

明子　前もって連絡すれば、断られるのがわかっているから、いつも抜き打ちで行ったんです。普通の酒屋は、店の主人が一人で行くんでしょうけど、うちは必ず夫婦二人で酒蔵に行きましたね。

喜八　二人でちょうど一人前なんですよ。それにね、僕が配達で留守にしている時でも、家内が酒のことをわかっていたら、お客さんにちゃんと説明できるからね。ただ、僕は不器用で二股をかけるってことがどうしてもできない人間でね、「八海山」のお願いに行く時に、足を延ばして村上には行かなかった。「八海山」が貰えるようになってから、今度は村上にある「〆張鶴(しめはりつる)」の蔵元にお願いに行ったんです。

明子　1年の間に、2回も3回も行くんですよ。そうしてようやく、「じゃあ次からは小山にも」って言ってくれるんです。

喜八　売れる酒は、誰だって欲しいんです。でも僕らは後発だから、後追いでしょ。先駆者が１０００本貰うところ、僕らは10本ってとこです。その差は、縮まらない。それでね、考えたんですよ。無名の蔵を見つけて育てようって。自分が先駆者にならなくちゃ意味がないなって。そうやって育てた「十四代」や「飛露喜」が、今じゃあ人気が出てなかなか買えない酒になりましたよ。〝これだ〟ってものを見分けるのは、経験と勘です。それと人脈も大事。同業者から〝この蔵を応援してくれる？〟って声がかかることもあります。育てたいって思う蔵の酒は、うちがかなりの量を引き受けて売る場合もありますよ。

明子　最近はお客さんも、新しい酒を求めているのよね。

喜八　島根の「王祿」は、以前は大阪までしか卸していなかったんです。惚れ込んでね、どうしても東京で自分が責任を持って売りたいって思った。家内と二人で夜行バスに乗って、何度も島根に通いましたよ。ある時ちょうど都内で酒の会があってね、会場とバス停が近かったんです。家内には先にバスに乗ってもらって、僕は皆に気づかれないようにぎりぎりでバスに乗りこんだ覚えがあります。当時、僕が動くと周りも察知して動くようになってたから、気をつけて行動してたの。

明子　そういえば、山菜採りをした日の夕食に、何を飲もうかなって思って私が「王祿」を用意していたら、この人も同じものを持ってきたんですよ。

喜八　晩酌は、毎晩です。二人とも日本酒。でね、彼女のほうが厳しい意見を言いますよ。

明子　うちはね、「十四代」「飛露喜」「而今」なんかの入手困難なお酒は、抽選販売にしているんです。でもね、たまに1本ずつ棚にそーっと置いておくんです。それを見つけた人が、「あれ？」って驚いて買っていってくれるの。ただ、なかには半日以上ずっと店にいて、待ってる人もいたりしてね。

喜八　今では３００以上の蔵元と顔の見える付き合いができて、これ以上の財産はないなあって思ってますよ。去年長男が社長になって、店のことは子どもたちに任せるようにしています。次男も長女も、それぞれ夫婦揃ってうちの店で働いてるから、昔ながらの家族経営なんです。兄弟仲良く、がうちの基本です。

11

あれもこれもっていうより気づいたら集まってきちゃった

井上店
プロパンガス、灯油販売、パン屋、宿泊・バーベキュー施設（西多摩郡檜原村人里）

右
井上百合子さん
昭和35年（1960）生まれ／東京都西多摩郡檜原村 上川乗（かみかわのり）出身

左
井上佳洋（よしひろ）さん
昭和35年（1960）生まれ／東京都西多摩郡檜原村 人里（へんぼり）出身

佳洋　商売はうちのおばあちゃんが始まりなんです。まだ若い30代で夫を亡くしたんですよ。俺の母親が小学校4年の頃。近所の人が商売をやればって助言してくれてね、籠を背負って山を越えて山梨の方へ日用雑貨を仕入れに行ったんですよ。檜原に戻るとあっという間に売り切れるから、また山を越えて。

百合子　歩いてだから、ホントすごいんですよ。

佳洋　お袋が店を継いで、親父は婿（むこ）で入ったんです。文房具から雑貨、お菓子まで何でも売ってて繁盛してたの。そしたら近所の人に〝これからはプロパンガスがいいよ〟って言われてね。

百合子　まだこの辺は、薪が燃料でしたから。

佳洋　親父は本をたくさん抱えて、山の上の空き家に2か月籠（こも）って猛勉強したんですよ。試験のために。

11

っていうのも、当時うちの茶の間は、飲み屋状態で人の出入りがすごかった。おばあちゃん、商売っ気が出ちゃってさ。昭和41年ごろ、親父がプロパンガスを始めたんです。そのうち人口が減ってきて雑貨屋は難しくなって、燃料屋一本になりました。

百合子　私は同じ檜原でも小学校は学区が違って、当時の井上商店に買い物に来たことはなかったんです。中学校が一緒です。男4人女10人が同級生。

佳洋　入学式の日、彼女を見た瞬間、俺面倒見なきゃ、みたいな気持ちになったんです。彼女、怪我(けが)して腕に包帯巻いてたし。

百合子　中3の時、なぜか交換日記やったね。

佳洋　女子3人と俺で4人の交換日記。あれはね、恋心を言えない俺を思って、数子ちゃんが百合子と俺のノートの順番をくっつけてくれたのよ。あれから27歳で結婚するまで、途中3回振られました。結婚しようってなった時、「OKならベランダに黄色いハンカチを干す」って彼女が言うんです。そう、映画のあれね。車で行って5階を見上げたら、おっきなバスタオルが干してあった。ちょっと色が違うの。でもいいや、ハンカチより大きいぞって思って。

百合子　オレンジ色。まだ悩んでたから。

佳洋　大学の土木科を出て、結婚当時は土建会社の社員でいいお給料を貰(もら)ってたんです。ある時親父に、この商売をどうするかって聞かれてね、俺が戻ってきても月3万円しか払えないって。それじゃあ無理だって言って帰ろうとした時、振り向いたらガラス越しに肩を落とした親父の姿を見ちゃったのよ。それで、決めた。よし、帰るぞって。

百合子　お義父さん、ひとりでプロパンガスの他に灯油もやってたんです。小さなローリーで、扱える量もちょっとで。

佳洋　退職金と貯金をつぎ込んで、俺はこれに賭けるぞって、灯油の地下貯蔵庫を造ることに決めたんです。自分で穴掘って造りましたよ。その半年間、近所の人は〝何やってんだ？〟って見ててくれてね、オープンしたら、親父が1週間かけて売ってた灯油が1日で売れたんです。嬉(うれ)しかったなあ。

百合子　あの頃は私がプロパンの検針担当で、毎月20日から150軒を回って検針と集金してましたね。雨が降ろうと台風が来ようと、皆さん待ってるから。プロパンの配達は彼でした。

佳洋　60キロのボンベ担いでたから、肩にガスダコがあるの。檜原は土地が平らじゃないから、肩に担いで山登るのよ。おかげさまで灯油で300軒、ガスで250軒くらい回らせてもらってます。俺、山の仕事も好きでね、林業もやってるんです。仲間と紅葉(もみじ)も植えてるの。山に入ると間伐した杉や檜(ひのき)がそのまんま捨ててあってね、それを自分で製材したんです。その材木置き場を造ろうって思って建てたのが、このパン屋の建物。

百合子　「この場所半分やるよ」って言われて、気づいたら材木置き場じゃなくてパン屋をやることになってました。私、酒饅頭(さかまんじゅう)を作るのが好きでね、その酒種でパンを焼いてみたら美味(おい)しいって言われて。その後、この人がテラスまで自分で造ってくれて、週末お客さんが来てくれる場所になりました。渓流を眺めながら食事ができます。そしたら、いつの間にか泊まれるログハウスとかいろいろ彼が造って増えていってね。

佳洋　俺の場合、もったいない、から始まるんです。まだ使える木が捨てられてるから、何か作ろうかなって。大工さんが廃棄しようとした外壁貰ってきたり、トイレの便器だって貰いもん。あれもこれもやりたいっていうより、気づいたら集まってきちゃった。なんかさ、自分の人生は決まってて、それに向かって進んでる気がするのよ、最近。

百合子　だから私たち、流れにそのまま身を任せてるのよね。

12

うちは家族旅行っていうより、バイトの子たちと一緒ね

喫茶 穂高

喫茶店(千代田区神田駿河台)

右 栗野芳夫さん

昭和16年(1941)生まれ／東京都千代田区 神田駿河台出身

左 栗野のり代さん

昭和25年(1950)生まれ／愛知県名古屋市中村区出身

芳夫 親父はここで洋服屋をやってたんです。仕立て職人。その店の一角を壁で仕切って、お袋と兄貴(あにき)が喫茶店を始めたのが、『穂高』の始まりです。僕はね、不器用でセンスがないから、職人なんて無理で、サラリーマンになったの。大学出て、京橋にある明治屋にお世話になりました。あの時に接客ってものを教えてもらったと思うよ。ただね、兄貴が病気になっちゃって、お袋が畳に頭をすりつけるようにして「帰ってきてくれ」って言うから……。結局は兄貴が死んじゃって、僕が店をやることになったんです。

のり代 私が嫁に来た時には、もうお義父さんのテーラーは2階に移ってて、1階の今のスペースが喫茶店でした。私の実家は名古屋で色粉(いろこ)屋をやってた

んです。食品添加物のアレね。食べ物屋とか花屋とかから注文が入ると、色素で色を作るんです。私も嫁に行くなら商売屋がいいなって思ってましたねえ。それにお姑さんがいるところ。若くて知らないことばかりだから、いろいろ教えてもらえるでしょ。

芳夫　謙虚だね。普通嫌がるよ。

のり代　お義母さんが、すごい人だったんです。行動派で楽しいの。モンペ穿いて登山するような人。店の一角で「穂高ツーリスト」をやってたこともあるんです。冬になると、近くの聖橋から穂高へ行くスキーバスが出ていたんですけどね、お客さんを集めて自分も一緒にスキーに行ってましたから。「穂高」って名前をつけたのも義母。日本山岳会の事務所が当時は近くにあったし、山岳部の学生たちもよく来てたしね。休みの日になると店の中にリュックがいっぱいで、相当男臭い喫茶店でしたよ。

芳夫　作家の新田次郎さんも、ここで山の話をいろいろ聞いたんじゃないかな。書いた原稿を「ちょっと読んでみて」なんて言われたなあ。

のり代　うちは、今も昔もアルバイトに雇うのは学生って決めてるんです。いろんな大学の子が来てくれるから、テスト期間はお互いに融通をつけてシフトを組んでやってくれるんですよ。私が結婚したのは22歳で、ちょうどアルバイトの子たちが友達みたいでしたね。秋になると1週間店を休みにして、バイトの皆と穂高ツアーに行きました。うちは、4人娘がいるんですけど、子どもたちが小さい頃は、布

おむつをいっぱい持ってね、途中で旗みたいにひらひらさせて乾かしながら歩いたりして。常宿にしてる「明神館」で子どもたちと私はのんびり過ごして、上に登る子たちを見送ったりしてね。うちは家族旅行っていうより、バイトの子たちと一緒ね。

芳夫　そういう連中が、今店に来てくれるんだ。周りから、「霞が関とか警察関係とか、あんなえらい人知ってるの？」って聞かれるんだけど「違う、えらくなったんだ」って答えるの。

のり代　警察に入った子が、「射撃で一等に表彰された」って言うんだけど、あの時グラスを何個も割った子が？って。

芳夫　昔うちにいた子は、コーヒーを飲み終わった後「ごちそうさま」って、つい自分で下げてくれちゃうんだよ。体が動いちゃうんだね。

のり代　この店は14年前に建て替えたんですけど、壁や床の板、吹きガラスのランプ、全部とっておいてね、前の店と同じ内装にしたんです。設計は、日大の建築学科の学生だった頃にうちに通ってくれてた森史夫さんでね、彼もやっぱり山が好きだったんですよね。メニューも、ほとんど変わらないわね。

ただコーヒーの値段が、私が来た頃は170円だったと思う。少しずつ値上げしたけど、昔はたばこも売ってたから、コーヒーとたばこの合計でおつりがないようにっていう決め方をしてましたね。とにかく、朝忙しかったから。

芳夫　1年前に私が心不全で入院してからは、店を禁煙にさせてもらったんです。お客さんには、申し訳なかったんだけど。

のり代　それまで私は、カウンターの中には入らなかったんです。主人の入院とかあるうちに、私も中に入ってコーヒーを淹れるようになりました。9リットルのヤカンは重いのよ。うちは氷屋さんの氷をピックで削ってるから、尖ってる氷で手を切りやすかったり、肩の力も必要なの。

芳夫　女をカウンターの中には入れるな、って言われていたんです。今思えば、お袋は入ってたんですけどね。化粧とか香水の匂いがあるから、敏感なお客さんは嫌がるかもしれないって。でも、本当は俺にとっての「結界」みたいなもんだったのかな。こっからは俺の場所だ、みたいな。要は、自分の仕事をとられるのが嫌だったわけよ。

夜寝る前に皆がおやつを食べるんですよ

福田屋染物店

染め物屋（千代田区神田淡路町）

右
西形正数（にしかたまさかず）さん
昭和16年（1941）生まれ／東京都千代田区 神田淡路町出身

左
西形元子（にしかたもとこ）さん
昭和17年（1942）生まれ／東京都千代田区 神田須田町出身

正数　サイコロみたいな正方形の家じゃダメなんです。引き染めには、細長い家じゃないとね。この辺は関東大震災で焼けちゃってね、区画整理をした時に建てたのが今のこの家です。だから築100年近いよね。周りはどんどん変わっちゃって、ホテルだのマンションだの高い建物ばっかりでしょう。窓開けて仕事してるとね、歩いてる人が「何やってるんですか？」ってのぞいていくの。ここで染め物やってるって知って、驚くんだよね。

元子　私たち小学校の同級生です。でも昔は全然喋（しゃべ）ったことがなかったし、家が染め物屋ってことも知らなかったんです。大人になってからクラス会で会って、半年後には神田明神で式を挙げました。

正数　『福田屋』はおじいさんから始まって私で3

13

代目です。ただ、おじいさんの時は「洗い張り」専門なんだよね。

元子　着物をほどいて、板の上でブラシでこすって洗って、最後にふのりを引いてピンとさせて仕上げるのが、洗い張りです。

正数　親父は外で修業して、染めを覚えてきました。引き染めっていってね、鹿の毛でできた刷毛（はけ）に染料を含ませて染めるやり方です。木綿と絹とでは、染料が違うの。うちでやるのは絹。着物とか羽織、帯なんかの和服一式です。子どもの頃、学校から帰るとしょっちゅうお使いに出されましたよ。染み抜き屋さんとか蒸し屋さんへ。着物って、いろんな人が関わってるんですよ。例えば、刷毛で染めてると、ぽっと生地に染料が飛ぶことがあるんです。そしたら、染み抜き屋に持って行く。うちで染めた後は、蒸し屋に出します。蒸し屋は、大きな犬小屋みたいな箱の中に生地を入れて、蒸気で蒸すんですよ。それをしないと、染料が水に流れちゃう。色落ちを止めるために蒸すんです。

元子　蒸し加減によって、色が変わっちゃうこともあるのよね。

正数　思うような色に仕上がらない時もあるんです。そうしたら、染め直し。色っていうのは微妙でね、生き物を相手にしてるみたいなもんです。お客さんの品物を染めるわけでしょ。失敗できないから本当に気を使います。引き染めのなかでも、「ぼかし」が難しいんです。バケツの中で水気をきって、刷毛

の染料を調整して、濃淡をつけて染めるんです。ぼかしにもいろいろあって、「流水」とか「雲」とかね、名前がついてるの。中学を卒業してからだから、この道60年以上だね。厳しい親父じゃなかったけれど、睨まれるとおっかなかったなあ。

元子　私も義母のやるのを見て覚えました。着物にした時にぼかしの模様がちゃんと合うように、染める前に仮縫いをして、あたりをとるんです。それを絵羽って呼ぶんですけど、ちくちく手縫いです。着物を染め直す時にも、着物をほどいて染めやすいように縫うんです。結婚するまで縫い物なんてやったことないから、えらい嫁がきちゃった、って思われたんじゃないかな。

正数　結婚当時は本当に忙しくってね、夜11時ごろまで働いたね。職人や私の弟妹もいたから、米だって一升炊いてたよね。

元子　お茶の時間もあったし、いつも何作ろうかってことばかり考えてましたよ。ある時ね、台所に何か取りに行って戻ってきたら、皆してお醤油を回しかけてたの。え?味が薄かった?って気づいた。

正数　最初お吸い物飲んだ時には、お湯飲んでるみたいだなって思った。見てないところで、そーっと皆して醤油をかけてたの。

元子　それとね、職人って面白いなって思ったのが、夜寝る前に皆がおやつを食べるんですよ。

正数　もともと米ばっかりで、この人が来るまでパンを食べる習慣がなかったでしょう。なんだか代用食みたいな感じで、お腹が減るっていうか。

元子　大変なこともあったけど、子ども2人に恵まれて、この人もとにかく優しかったんです。一生ついていこうって思ったの。

正数　ここは都会の真ん中だけど、土日になると人が少なくなるの。天気がいいと、外に出て染めることもあるんです。一反12メートルを鋏を入れずに染めるには、室内じゃ無理だから。

元子　片側は結わえておいて、もう片一方を私が手に持って、染め終わるまで立っているんです。

正数　だからこの仕事は、夫婦二人じゃなきゃできないの。染め上がったら干すんだけど、一反物の時はうちの2階に片っぽ結わえて、もう片一方はむこうの電柱に。親父の代から同じです。たまたま通った人は、びっくりするみたいだよね。

14

我が家の椅子には、白いタオルがかけてあります

サトウサンプル
食品サンプル製造販売（台東区西浅草）

右
佐藤明子（あきこ）さん
昭和45年（1970）生まれ／東京都足立区 竹の塚出身

左
佐藤泰啓（やすひろ）さん
昭和41年（1966）生まれ／東京都台東区 浅草出身

泰啓　僕ら、お客様に育てていただいたと思います。

明子　昔気質（かたぎ）の料理人さんは、はっきり言いますから。入って来るなり、「ここのサンプルはまずそうだな」って。オブラートは一切なし。「俺の店に来れば、実物を焼いてるところを見せてやるよ」って。

泰啓　うちのサンプル職人を連れて、焼き鳥屋さんに伺いました。「ここのところに火が入るから、こがこう焼けるんだ」って教えてもらいましたよ。

明子　ロシア料理の時も苦労したよね。ビーフストロガノフ。

泰啓　サンプルの注文をいただいた店に、実物のビーフストロガノフを作ってもらったけど、すぐに色が変わっちゃう。写真でも職人にはいまひとつ伝わらない。何度作り直してもNG。「これはうちの色

開運・防犯
PUZZLE
¥3,780
PIZZA PUZZLE
¥3,780

じゃない」って。

明子　そもそも、ビーフストロガノフとは何ぞや、から考えました。近所のロシア料理のお店に、頭を下げてお願いに行ったんです。そうしたら、厨房に案内してくれて、「うちはこうやって作るけど、これは絶対に言っちゃダメよ」「はい、すぐに忘れます」なんてやりとりをして、「たぶん悩んでいることは、こういうことだと思うよ」って教えてくださったんです。ありがたかったですね。おかげで、合格点をいただけました。

泰啓　あらゆる業種から注文がきますから、それをどう職人に伝えられるか。僕ら二人のやっていることは、お客様の要望を製造部の職人がわかる言葉に置き換える、翻訳みたいな感じです。まずは、自分たちが商品を知らないといけないんです。

明子　今日は飲むぞって、家でワイン開けるじゃないですか。おつまみを用意して、グラスに注いだら、うちの場合まずは白いタオルを出してきて、それをバックにワインの色を見るんですよ。なるほどーって確認してから、飲み始める。我が家の椅子には、いつも白いタオルがかけてあります。

泰啓　赤ワインって言われた時に、どんな色、質感があるのか知っていないとね。

明子　彼と付き合い初めた頃、食品サンプルが置いてある店の前から動かないんですよ。めちゃくちゃ恥ずかしかった。

泰啓　気づくと30分くらい。やっぱり気になるんですよ。昔サンプルは蝋で作っていましたが、今はすべて塩化ビニール製です。

明子 今は、二人してじーっと眺めてますけどね。

泰啓 僕は大学を卒業して、父の後を継ぎました。かっぱ橋の道具街は、お客様と一緒に成長してきたと思うんです。「あんたの代になって商品の質が落ちた」なんて言われたくないから、プレッシャーはありましたよ。最初にこの仕事を始めたのは、祖父です。もともと理科室に置いてあるような人体模型を作っていて、途中から食品サンプルに切り替えたようです。研究熱心な人で、当時通ってた歯医者に頼み込んで、営業時間の後で、歯型をとる技術を教えてもらったとか。僕の父は、最初は兜町で株の取引をしていたんですけど、10人兄弟の長男ってことで後を継いだんです。ただ、戦争で怪我をしたこともあって体が強くなかったので、サンプル作りの職人をしている叔父たちに言われて、早々に僕が後を継ぎました。

明子 結婚したのは、17年前です。この近くのもんじゃ焼き屋さんが仲人なんです。当時私も自営の手伝いをしていたから、出会いが全然なくて。うちは、毛皮の縫製をやっていました。洋裁が得意な母は子ども服をやりたかったらしいんですけど、それまで貿易の仕事をしていた父が毛皮に決めたようです。両親と仲が良かったもんじゃ屋さんが、「いい人がいるから会って」って紹介してくれたのが彼です。

泰啓 カミさんが来てくれて、職人との関係が良くなったように思います。伝えるって難しいんだけど、彼女のおかげでうまくいくようになったなあって。

明子 私たち、家でもつい仕事の話になるんですよね。寝る直前に「あのことだけどさあ」って言われて、「はいはい」って、パソコン出して調べもの。

泰啓 本当は、そこまでは求めていないんだけど。人に言うことで、記憶を定着させるっていうのかな。つい、話しちゃうんです。

明子 相手のこともわかってきて、今はお互いに無理はしないです。お昼用に持ってくるお弁当も、普段は私が作るんですけど、疲れたなあって日は「お願いね」って彼に作ってもらっちゃう。夜、出前をとる時もあります。うちのサンプルを見ながら「そばか、中華か？」なんて考えて、洋食に目がいくと、「じゃあ食べに行こうか」ってなったりしてね。

これしかやらない、できないってことがない

三河屋
肉屋（世田谷区世田谷）

右
山田千春さん
昭和53年（1978）生まれ／東京都狛江市出身

左
ホセイン・ジャキルさん
昭和45年（1970）生まれ／バングラデシュ ムンシュゴンジュ出身

千春 名前では呼ばないですね。「ねえ」とか「ちょっと」とか。

ジャキル もともと、僕がそういうのに慣れちゃってるから。**ジャキル** お互いに名前を呼ばないの。バングラデシュのお父さんとお母さんも、で自分のお母さんの名前を知らなかったんですよ。だから、10歳くらいま

僕たち兄弟は「マー」って呼んでたし。

千春 マーはお母さんって意味。

ジャキル お母さん、インドの人です。1歳の時、バングラデシュにきた。僕は、10人兄弟なんです。一番上はちっちゃい時に亡くなったから、実際は9人兄弟の5番目。なんで日本に来たかって言えば、兄弟が多いし国自体が貧しいし、働いても何もできないから。小学校から先は行ってないんです。

650
250
88

15

千春　お兄さんがお菓子を売る屋台をやってて、10歳ごろから手伝っていたみたいです。

ジャキル　日本で働いてる人の話を聞いて、自分も行きたいって思ったんです。親戚中を回ってお金を出してくれる人を見つけて、当時一ドル１６０円で２０００ドル用意したのかな。18歳でした。千葉に着いたら雪が降ったんですよ。まだ10月なのに。初めて見る雪。すごくはりきって日本に来たのに、寒くて寒くて。食事も口に合わないから、食パンとバナナしか食べられない。鉄の部品に穴をあける仕事も合わなくて辞めました。それで、親戚が働いてた肉屋で働かせてもらうことになりました。東京の白金台にあった「三河屋」です。社員寮もあった。

千春　心の広い、いい社長さんだったんです。

ジャキル　若かった僕を、可愛（かわい）がってくれました。売り場を任されて、日本語も英語も喋（しゃべ）れないんだけど、朝から晩までずっとお客さんの相手をしました。

千春　店にいたパートのおばちゃんたちにも可愛がられたんですよ。私が彼と出会った時には、もう今みたいに普通に喋っているし、文化の違いを感じることもなかったんです。初めて彼に会ったのは、私の姉が結婚相手を家に連れてきた時。姉の相手が、実は彼の遠い親戚で、新宿でバーをやってたバングラデシュの人だったんです。

ジャキル　その人日本語がうまくないから、通訳をするために自分が一緒に行きました。

千春　姉は結婚して、今はバングラデシュで暮らしています。あの時私はまだ高校3年生。うちの両親はびっくりですよね。まさか、姉妹揃って……。20歳で出産したので、長女はもう19歳で大学生です。次女は16歳で高校生、長男は8歳で小学生。この商店街で店を始めたのも、子どもたちのことを考えてなんです。子育てにいい環境だなあって思って。

ジャキル　実は、勤めていた「三河屋」が廃業になっちゃったんです。次の仕事をどうしようか考えました。川崎市の武蔵新城にも『三河屋』の店があったから、そこを引き継ぎたいって気持ちを社長に伝えたら「君ならできる」って言ってもらえて。

千春　この人、こうと決めたら一直線、真面目なんです。あの頃上の子たちが6歳と3歳で、私も迷う気持ちよりも、彼についていくしかないと思いましたね。国に帰るって選択肢もあったけど、子どもたちの教育を考えて日本にいたいなあって。自分たちで店を始める前は、年に一度はバングラデシュに帰ってたんです。そうそう、バングラデシュの肉屋さんって、鶏は生きているのしか置いてないんです。家に帰ってから自分たちで捌(さば)くんですよね。牛は塊でぶら下がってきました。

ジャキル　武蔵新城の店を引き継いですぐ、松陰神社通りのこの店の話を聞いたんです。肉屋をやってたご主人が続けられなくなったって。見に来たら、気に入っちゃった。2つもやるのは無理と思ったけど、今武蔵新城は人に任せて、僕たちはほとんどここにいます。仕事は、面白いって思ったことはないよ。だって、寒いもの。冷蔵庫に入って肉を切るから。毎年冬になると手足耳にしもやけができるんです。寒さには、いまだに慣れない。ホント苦手。時々お湯に手をつけながら、何とかやってるの。

千春　でも、焼き鳥をやるようになったからいいよね。手元は暖かいもんね。

ジャキル　午後になると、僕は焼き鳥をやっちゃうから、店のことは彼女がやります。最近は焼き鳥の方が忙しいです。朝から仕込みをしておくんです。夫婦でやる良さは、お互いの役割が決まってないってことです。これしかやらない、できないってことがないのがいいね。自分たちで力を合わせれば、何とかやれるだろうって思ってる。息子が生まれた時、近くに家も買いました。何とか、はりきっていかないと。

自分がきりっとしてると、豆も麦もいい顔に仕上がる

小川産業

きなこ・麦茶製造販売（江戸川区江戸川）

右 小川良雄さん
昭和29年（1954）生まれ／東京都江戸川区 江戸川出身

左 小川順子さん
昭和31年（1956）生まれ／静岡県榛原郡 旧本川根町出身

良雄 朝、釜に火をつけて機械を回し始めると、頭がシャキッとするよ。まずはきなこ用の大豆を煎っ て、10時半前後になったら手早く釜を掃除してね、今度は麦茶の大麦に切り替えます。機械と一心同体だからね、動き始めたらもう「どうにも止まらない〜」の山本リンダだよ。

順子 毎日毎日、よく働いたよね。今年で結婚35周年なんです。

良雄 猿飛佐助かゴキブリか、っていう動き方だよね。あっちこっち、自分でもびっくりする速さで動き回ってるから。この仕事、ダラダラするのが一番ダメだね。豆でも麦でも、ダラダラした顔つきになっちゃう。自分がきりっとしてると、豆も麦も〝頑張ってるよー〟っていい顔に仕上がるわけ。うちの

16

麦茶は、珪砂(けいしゃ)っていう砂を混ぜてまずは250度の石釜で1分煎ってね、出てきた色合いを見てから、もうひとつの釜で温度を下げて1分煎る、2度煎りです。ちょっと時間が遅れると、ぱーんと麦が割れちゃう。焦げる場合もあるし、下手すると火がついて出てくる場合もある。機械が動いている間は、常に気を張ってるよね。そのかわり、夕方火を消すと体はがくっとするよ。でもその後も仕事はあってね、昔は特に営業を頑張らなきゃいけなかったから、背広に着替えて問屋さんを回ったんです。

順子　今でこそ、いろんな展示会に声をかけてもらえるけど、前はツテがなかったから。保育園にも営業に行ったよね。子どもたちが麦茶飲むだろうって。

良雄　祖父が、日露戦争の後にこの仕事を始めたんです。当時は、煎餅の生地や餅を作っていたんだと思います。俺が小さい頃は、煎った豆を筵(むしろ)の上にバーンと並べて置いてたんです。あの頃釜が一つだけだったから、2度煎りするための仮置きでね。その時、弁当を新聞紙に包んで豆の中に入れておくの。湯気が出るくらい、ほっかほかになってね、親父曰く「これがうまいんだよなあ」って、のり弁なんかを食べたのを覚えてます。

順子　私は、静岡県の寸又峡(すまたきょう)の近くが実家なんです。すごい田舎。

良雄　昔NHKの『新日本紀行』って番組に憧れてね、自転車で日本各地を回ってたんだけど、まさしくあの風景だったんです。彼女の兄貴が大学の同級生で、遊びに行ってびっくりした。何度も通ううちに、「良雄さん、山登りしたいなら順子に連れてってもらえば」って、お義母さんに言われたんです。

順子　一緒に北岳とか穂高岳に登ったよね。実家は川根茶で知られる場所で、うちもお茶を作ってました。だから緑茶は大好きだけど、もちろん麦茶も好きよ。この仕事を頑張ってきたのは、嫁いだからにはこの家を守らなきゃ、自分たちの代で辞めるわけにはいかないって思いですよね。だって資金繰りが大変だったから、もう必死よ。でもね、麦茶を売るにはどうしたらいいか二人で一生懸命考えてた時、三角形のティーバッグを展示会で見つけてね、「これだ」って興奮したわよ。当時はまだ、三角形のティーバッグって他では見たことがなかったんです。

良雄　そこに行きつくまでが、いろいろあってね。その前に買ったティーバッグ充塡機は、刃こぼれするわ、口がうまく閉まらないわ、そりゃあ苦労した。

順子　ニューマックスって名前の機械でね。名前は立派なのに、機械に遊ばれちゃったのよね。

良雄　あの頃は砕いた豆をティーバッグに入れて商品にしてみたけど、やっぱり粒のままがいいってことになったんです。そっちの方が美味しいから。そんな時に、三角形のティーバッグと出合ったんです。「つぶまる」って商品名にして、さあ頑張って売るぞって思った。でも周りからは「今どき、煮出す麦茶？」って反応でしたよ。その時に声をかけてくれたのが、吉祥寺のスーパー三浦屋の社長さん。対面販売できることになってね、実際にお客さんにうちの麦茶を飲んでもらうと「美味しい」って反応が返ってくる。２日間で３００くらい売れて、手応えを感じたんだよね。

順子　うちの麦茶を飲んだ人が、目を丸くして喜んで買ってくれるんです。もう嬉しいのなんのって。粒のまま煮出すから粉っぽさがないし、甘みや香りが違うんです。素朴な味そのまま。

良雄　そっからは、お客さんの声を励みにどんなに手が豆だらけになっても仕事ができたんですよ。この仕事は握ることばっかりで、豆ができるんだ。でも、女房も必死にやってくれて、その先に展望が見えつつあったからやってこれたの。それと、忙しくってほったらかしにしちゃった子どもたち３人が、素直に元気に育ってくれたから。ありがたいよね。

essay 2

阿部商店夫婦

この取材を始めてから、「うちは阿部商店だね」と言い合うようになった。フリーランスのライターとカメラマン。傍からは、どうやって仕事をして暮らしているんだろう、と思われているかもしれない。根無し草みたいな職業ともいえる。でもやっていることは、商店の皆さんとあまり変わらないんじゃないかと思う。

基本は、取材だ。了は写真撮影を、私はインタビューをする。二人一緒の現場もあれば別々もある。ICレコーダーで録音したものを文字に起こしてから記事にするのが私のいつものやり方で、原稿料が収入だ。ただし、取材の前には人探しという手間のかかる前段階があるし、書き上げた記事はその後チェックが入り何度もやりとりを行う。雑誌の刊行後、お礼状を添えて取材相手に送るのも大事な仕事だし、経費の計算や打ち合わせ、新しい企画の売り込み営業だってある。取材旅には宿や飛行機の手配だって必要だ。名刺がきれたから作らなくちゃ。写真展の案内を送ろう。つまり、常に何かしらやるべきことがあってあたふたしているのが私たちだ。お金と直接結びつかないことを、日々やっている。この仕事のギャラを時給にすると？なんて考えるのは野暮である。鍋を火にかけて煮豚など作りながら、取材依頼の電話を入れる。夜、食卓を囲みながら反省会。仕事はたいてい夫婦で分担。これって商店と同じじゃないか。

「夫婦一緒にやる良さは、相手に給料を払わなくていいことだよね」という声を、この取材中に何度も聞いた。皆さん、夫婦や家族という単位だからこそ、経営が成り立ってきた現実もあるだろう。ただ、それゆえ個人商店はいざという時に強い。何十年と続けていれば、時代の波がある。どうしたって大小の波に翻弄される事態もあったはずで、そのたび踏ん張ってきた人たちなのだ。

『小川産業』の小川さん夫婦を取材した日のことが、忘れられない。大麦を煎る香りに導かれるように一歩踏み入れると、そこはゴムベルトが張り巡らされた秘密基地みたいな木造の工場で、石釜の中は赤い炎を上げていた。令和の時代とは思えない空間だった。今でこそ麦茶「つぶまる」は、私がよく行く店の棚にも置いてある人気商品である。でも、これまでの道のりは険しかったようで、やっと手に入れた機械で試作しては失敗し、そのたびに二人で「ああ困った」と頭を抱えてまた試作。紙幅の関係で詳しく書けなかったが、その奮闘ぶりは聞いていて胸が熱くなった。しかも「借地だったから、土地を手に入れてからの返済をどうしようかが常に悩みどころだった」と良雄さんが言っていた。資金繰りに苦労したのだ。

「昔は子どもたちのお年玉を積み立てたのだって使っちゃった。いや、使っては戻しまた使っては戻ししてたのよねー」。順子さんの言葉に、お年玉で同じことをやったことがある私は、鼻の奥がつーんとなった。気持ちも状況もわかる。大変だったけどわくわくしたよね、と言って笑っている二人は、なんとも爽やかだった。一人じゃなく二人で何かに向かう時、すごい力になるんだな、と小川さんたちを見て思った。

帰り道、私たちはもう胸がいっぱいだった。お互いに言葉はなく、さっきの会話を思い出して余韻に浸っていた。実はその数時間前、取材に向かう車の中で、阿部商店の今後について話しながら、悲観していたのだ。これまで脇目もふらずに無我夢中で突っ走ってきた私たちだけど、この先どうする？　そもそも私のライターという仕事に未来はあるのか。重苦しい気持ちを引きずるように小川さんのもとへ行ったのだった。それが今や、あの石釜の炎を聖火リレーみたいに受け取った気分だった。やるだけやったよ、という小川さんは清々しかった。まだまだやるよ、という情熱が眩しかった。私たちは、そこまでやっていないよね。阿部商店、まだまだじゃないか。

これは取材なんてかっこいいものじゃなく、先輩夫婦の生きざまを見せてもらって、わが身に照らし合わせるような時間だった。実は、毎回がこんなふうだった。夫婦で夫婦を取材する、なんて言いながら、毎回私たち自身が励まされ、活を入れられていた。

17

ああ、商売は楽しいわぁって思ってね

赤羽 美声堂
音楽CD・カセット販売店(北区赤羽)

右 **宮 けい子** さん
茨城県桜川市出身

左 **宮 和生** さん
昭和26年(1951)生まれ/東京都北区 赤羽出身

けい子 ひと月に多いと20回くらい、キャンペーンが入るんです。歌い手さんが店に来て、新曲を披露してくれます。お客さんと記念撮影、握手会も。並んで2ショットの写真が撮れるなんて、こういう時だけでしょ。お客さんも喜ぶのよね。

和生 レコード会社さんから、直に話をいただくんです。うちのスケジュールさえ合えば、歌い手さんの選別なんて一切なし。人気があるなし関係なく、どなたでも、来ていただきます。

けい子 だって、ありがたいですよ。この商売、お客様が店に足を運んでくださらないと始まらないんですから。それでCDを1枚買ってくださると、私たちの生活の糧になるわけですよ。キャンペーンの日は、パパが椅子を50脚くらい店の中央に並べます。

女房
原田悠里
はやぶさ
下町純情
辰巳ゆうと
2018年8月15日発売
岡崎旅情

17

真ん中の棚は、全部可動式になってるんです。椅子がないとダメダメ。ちゃんと座れて、室内が涼しいか暖かいかじゃないとお客様は来てくれません。高齢の方も多いでしょ。午後3時スタートっていったら、早い方は2時にみえて座って待ってるから。椅子席は、CDを買ってくださった方のためのお席です。ただ近所の方たちも、ふらっと来て立ち見もできるんですね。椅子のお客様は、「ドア閉めちゃえばー」って言いますよ。やっぱりお金払ってるわけですからね。でも、立ち見の方も大切ですね。「あら、今日の歌いいじゃない」ってCD買ってくださる人もいるしね。歌い手さんも、通りがかりに手を振ってくれる人がいっぱいいたほうが嬉(うれ)しいわよね。

和生 新曲を含めて、平均5曲かな。ジャンルは演歌、歌謡曲。音響もうちのほうで用意します。もう、慣れたもんだよ。

けい子 今月は忙しくて、明日から1週間毎日キャンペーンが続くんですけどね、毎日来てくださる常連さんがいるんです。どんな歌い手さんだろうと、とにかく毎日。それで、毎回CDを買ってくださるの。なかには、わざわざうちに通ってくるために、電車の定期券を持ってる方もいるの。

和生 うちは、赤羽駅の西口で父が電器屋を始めてね、その後スズラン通りに越してきてレコード屋になりました。僕が学生の頃は、エレキギターとか楽器も置いてましたよ。この辺、昔は町工場が多かったからね、夕方になると商店はすごく混んだの。何

もしなくても物が売れた時代。うちにも住み込みの人が3、4人いましたよ。僕より年上の、中学卒業してすぐ地方から出てきた女性たち。僕なんか、今も頭が上がんないよ。今も時々訪ねてきてくれて、母と一緒にお茶飲みに出かけてますよ。うちは、父が技術の人で帳簿とか裏方担当だったからね、母がずっと店の顔。今はうちの女房もそう。お客さん対応が上手っていうのかな、そういうの好きなんだろうね。

けい子　ばあば（義母）はね、今も入り口のところに毎日座ってます。その存在感がいいのよね。

和生　「次来るまで元気でなー」って、皆に声かけられてるよね。

けい子　私は20歳で嫁に来たんです。最初は店を手伝うことはなくってね、家にいてお義父さんが「けい子、お夕飯のおかず見に行こかー」って言うと「はーい」って感じ。2人で買い物して、のんびり夕飯作ってたの。8年目にようやく子どもができると、熱心に幼児教室に通ったりもしました。義母も「けい子のやりたいことをやりなー」って。そういう人なんです。無事に子ども2人を私立の学校に入れた後、私も店に出るようになりました。そしたら楽しくってね。ああ、商売は楽しいわあって思ってね。

和生　彼女も母も、お客さんとお喋(しゃべ)りするのが好きだから営業担当。僕は帳簿と品出し。

けい子　CDやテープって、どこで買っても同じ商品、同じ値段でしょ。うちのは新鮮でおいしいよ、とか宣伝できるものと違うのよね。じゃあ、うちで買ってもらうにはどうしたらいいかって考えると、心かなって思うんですよ。1枚CD売るのに、随分と話をするもの。ただレジ打って終わり、なんてことはしない。

和生　イベントの時、お客さんの顔を横で見てるとさ、嬉しそうなんだよ。ああいうの見てると、なんとも言えないんだよね。やってて良かったって思う。

けい子　今日この後は、イベントの準備よね。店内のポスターの貼り替えは、私の役目です。新人さんは、少しでも人目を引くところに貼ってあげたい。でもね、いろいろあるからポスターの位置は実は難しいのよ。でもまあ最後は、私の好みだけど。

和生　ポスターとサイン色紙に関して、僕は全く手出しはできません。これぱかりは、すべて彼女の権限だよ。

18

家にいると、必ずごしごし始めちゃうのよ

明神湯
銭湯（大田区南雪谷）

右
大島 昇さん
昭和27年（1952）生まれ／東京都大田区 旧雪ヶ谷町出身

左
大島みつ子さん
昭和27年（1952）生まれ／東京都北区 滝野川出身

昇　昔の時代はさ、煙突からもくもく煙出して「商売やってるよー」って感じだったけど、今は高い建物もあるし迷惑かけらんないよ。うちはずっと薪でやってて、解体業者さんに持ってきてもらうんだけど、ベニヤ板は一気に燃えて煙が出ちゃうからダメ。使うのは、家の柱部分。角材はじっくり燃えるから。

みつ子　煙出さないように、いろいろ考えてるんです。ただ最近は、木造の家も少なくなって薪を手に入れるのも大変でね。

昇　俺が5歳の時、親父がここを建てて、小学4年の時に亡くなっちゃったんです。ただ、親戚中が皆風呂屋だったから助けてもらったの。お袋の実家は北区にある『稲荷湯』でね、その兄弟もあちこちで銭湯やってるんです。親父のほうも親戚は銭湯。親

明神湯
今月の定休日は
5 16 25
手ぶらセット ¥200
明神湯

18

父とお袋の両親は、石川県の出身なの。多いんだよ、銭湯やってる人に石川とか新潟出身の人。雪国の人は忍耐強いからだって言うけどさ。

みつ子　私はね、その『稲荷湯』に通ってたんです。家が近くだったの。お風呂場で会う近所のお肉屋さんなんかに「いい人いるけど、どう？」とか言われてたのを、主人のいとこの奥さんが、番台で聞いてたんだと思うの。

昇　一種の見合いっていうか、出会いっていうか、『稲荷湯』のいとこから話がきたんです。

みつ子　「何もできなくっていいのよ」ってお義母(かあ)さんが言ってくれて、主人よりも先にお義母さんとウマが合っちゃった。結婚してからは、番台に座ってるお義母さんによく内線電話入れてね、夕飯の支度から何から教えてもらったの。

昇　番台って今どんどんなくなっちゃってるけど、やっぱりいいよね。この前も脳梗塞のお客さんに気づけたしね。病院に付き添ったんだけど、後遺症もなくて良かったよ。

みつ子　番台に座ってるとね、何かの時には感じるのね。いつもの行動と違うなあって。

昇　年配の人も多いけど、最近は子どもが増えたの。土日はさ、パパが子どもを連れてくるんだ。でも、若いパパママは銭湯って入ったことないでしょ。「何を持っていけばいいんですか」って電話がくるの。「タオルと着替え、石鹸とシャンプーもお持ちになったほうがいいですよ」って言うの。面白いのはさ、

「予約はいいんですか」って聞くんだ。思わず噴いちゃったよ。

みつ子　銭湯の入り方っていう子ども向けの本があってね、それを見せながら、「足からお湯をかけてね」って説明するの。「赤いの押すとお湯が出るよ。じゃあ、青いの押すと何が出るかな?」って聞くと「水ー」って答えてくれて、子どもは可愛いの。隣のママにも聞こえるように言わないとね、押すところを一生懸命回してるから。

昇　おじいちゃん、おばあちゃんたちと表で会うとさ、「きれいで気持ちよかった」って言ってくれるの。嬉しいけど、こっちも余計に気になっちゃってさ、汚れを見つけるとあれもこれもやらなきゃって、月3回の休みの日も、風呂場を磨いちゃうよ。

みつ子　家にいると、必ずごしごし始めちゃうのよ。

昇　それじゃあ体がもたないからさ、今は二人で伊豆の温泉に出かけることにしてるの。

みつ子　重い薪を担いだりして重労働でしょ。お父さん、膝が出っ張って変形しちゃったから温泉に入って温まろうって。

昇　いい空気吸ってうまいもん食って風呂に入る。それがさ、俺たちにとっても勉強になるんだ。温泉は良くっても、人がすごく感じ悪いことがあるのよ。

みつ子　ああ、私も気を付けなくちゃって思うの。

昇　うちは住まいが2階なんです。ちょくちょく階段下りて湯の温度を確認しないといけないんだけど、何十年も昔ね、電気に詳しかった弟が装置を作ったの。高温が赤、適温はオレンジ、青になると冷めてるってことで、部屋にいてもブザーと色で湯の温度がわかるの。そうしたらさ、親戚も皆風呂屋だから「それいいね」って話になって、弟と一緒によその装置も作ったんだよ。それを作る前はさ、夜テレビ見てて「そろそろ温度が下がってるんじゃないの?」って弟と言いあって、どっちが様子を見に行くか、でじゃんけんしてたんだ。負けるのはいつも弟でさ、「じゃあ俺が作るよ」ってなったわけ。何でも自分らでやってきたの。タイル貼りも大工仕事も、業者が入る時に手伝って覚えた。メンテナンスが自分でやれないと、この商売は難しいよ。あと何年続けられるかわからないけどね、俺の夢があってさ、体がガタガタになる前に辞めて、うちのと一緒にキャンピングカーであちこち回るの。

19

間違えて「先生」って呼ぶ子も結構いるの

だがしの神米（かんこめ）
駄菓子屋（中野区弥生町）

右
神田金三郎さん
昭和24年（1949）生まれ／東京都中野区 旧川島町出身

左
神田啓子さん
昭和22年（1947）生まれ／栃木県 日光出身

金三郎　「金さんはここに座ってるだけだからいいよね」って子どもたちに言われるの。いろんな子が来ますよ。人生相談までしちゃうよ。でも、今の子は仲間意識が強いっていうのかなあ、グループで敵と味方に分かれちゃう。だから僕は、子ども同士のことには口出さないことにしてるの。わざと知らん顔。そうすると子どもたちに釘刺されるんだ。「金さんお喋（しゃべ）りだからなあ。喋っちゃやだめだよ」って。

啓子　ここは子どもたちの社交場ですね。こういう店に慣れてない子は、なかなか商品を選べないのよ。自分で欲しい物を選んで、お金の計算するのって大事よね。

金三郎　小学生は百円玉持ってくるかな。中には千円札持ってくる子もいるけど、多いと逆に心配しち

ゃうんだよね。

啓子　皆、一生懸命かごの中を計算してるのよね。

金三郎　「金額全部覚えてるの？」って聞かれるから、「99パーセント」って言うの。たまに子どもたちのほうが計算が合ってるからさ。うちは消費税をもらってないんです。普通なら、100円でレジ打ったら108円になっちゃう。そしたらお菓子を1個諦めなきゃいけないでしょ。

啓子　レジ横のテーブルと椅子は、いつも取り合いなのよね。

金三郎　10分で他の人に譲るってルールがあるんだけど、ずっと座ってる子たちがいるわけ。新しく来た子が、「金さん、言ってよ」って訴えてくるから、僕は間に入っちゃって大変よ。神田金三郎で、金さんね。若い頃はこの名前が嫌だったけど、今は抵抗ないね。子どもたち同士で「なんて呼べばいいかな？」って話してるんじゃない？　知らない子から突然「金さん」って呼ばれて、びっくりするの。

啓子　間違えて「先生」って呼ぶ子も結構いるのよね。私のことは、「啓子さん」って。

金三郎　5時になるとね、「さあ帰れ」って暗くなる前に子どもたちを帰すようにしてるんだけど、なかなか帰ろうとしない子もいるんだ。帰っても家に誰もいないんだなってわかるの。そういう場合は「6時まではいいよ」って言う。閉店は6時半だけど。

啓子　昔ね、すぐ近くに伊藤さんておばあちゃんがやってた駄菓子屋さんがあったの。主人が子どもの

頃通ってたんだけど、亡くなっちゃってね、うちの米屋の中に駄菓子を置くようになったの。

金三郎　だってこの人、米屋に嫁いで「駄菓子屋がやりたかった」なんて言うんだから。

啓子　江東区の下町で育ったから、5円や10円持って駄菓子屋に行ってたのよね。サラリーマン家庭に生まれたんだけど、私商売は好きだったのね。結婚前は、新宿の伊勢丹にお勤めしてたから。2階のセーター売り場。

金三郎　僕の妹に、似合わないセーターをいっぱい勧めたんですよ。

啓子　お客さんだった義妹と仲良くなってね、家に遊びにおいでって誘われて行ったら、この人がいたんです。

金三郎　昭和48年に結婚したんだけど、その頃米屋は、親父と弟と一緒にやってたんです。米屋同士の競争があったから、休みなし。弟と俺、交代で日曜日に休みをとったけど、店は年中無休でした。業務用の配達で、30キロの米を20袋積んで軽自動車で配達に行くとね、重さでパンクしちゃうんですよ。一般家庭には、御用聞きに行ってました。

啓子　ホントによく働いたわよ。

金三郎　平成5年に、米不足で日本中がパニックになったの覚えてる？　あの時は本当に米がなくてね、我々も必死で探したけど、値段も3倍に上がったんです。お客さんからすれば、高い米を買わされたとか、欲しくないタイ米を買わされたって思いがあったんだろうね。その後、小売店のイメージが悪くなって、売り上げもがくっと落ちたの。それで、店の中に駄菓子を置こうって彼女が言ったんだ。

啓子　あの頃のお客さんが、今度は自分の子どもを連れて来てくれるのよね。

金三郎　「金さん、まだ生きてたの？」なんて言ってさ。米屋のほうは、最後は1人でやってたんだけど、娘婿(むすめむこ)が後を継いでくれたから、今はお任せです。もう完全燃焼したから、米屋に未練はないんだ。今がいいよ。

啓子　娘婿は、ホントによくやってくれてるの。

金三郎　それがね、僕が金三郎で親父が角三郎っていうの。うちの長男は特に考えず「武(たけし)」にしたんだけど、娘婿がなんと「健太郎」なんだ。店を継ぐ者には「郎」がついてるんだよ。

彼女が声をかけると、すーっと耳に入るんだよね

金銀堂時計店

時計・眼鏡・宝飾品店（墨田区業平）

右
寺田久男さん
昭和23年（1948）生まれ／東京都板橋区 大山出身

左
寺田典子さん
昭和25年（1950）生まれ／東京都墨田区 業平出身

久男　店の目の前でね、道に寝そべってる人がたまにいて、何やってるんだろうと思ったら、写真を撮ってるんですよ。

典子　うちはスカイツリーの真下でしょ。近すぎて、全体が見えないの。

久男　うちでもスカイツリーを作ったんですよ。エレベーターは水道管、タワーの部分は竹ひごを使って。夜二人で晩酌しながら、「今日はここまでやっちゃおう」なんて感じでね。

典子　実物はまだ工事中だったから、完成図のポスターを3倍に拡大して「こっち側はこうなってるねえ」なんて二人して考えながら作ったんです。まず小さいのを作ったんだけど、物足りなくなってね、私の身長くらいのを作ったの。そしたら「東京マラ

ソンの時に貸してほしい」ってテレビ局の人に言われて、タワーだけ浅草の雷門に行ったのよ。なんだか面白くなっちゃってね、最終的には2メートルのを作ったんです。

久男 13個目にしての集大成。入り口に置いて、これまで何回もペンキを塗り直してるの。いろんな人が見てくれるんだけど、目の見えない人たちがね、タワーを触りながら「下が三角で、上の方が丸くなるんだねえ」って言ってくれたんです。

典子 私、父譲りなのか細かい作業が好きなのよね。子どもの頃、奥の椅子に座って時計を修理する父の姿をいつも見てました。私も道具を触りたくって、ピンセットでそこらへんのゴミを拾ったりした記憶があるんです。

久男 好きが高じて、時計の電池交換でも何でもやるんです。女の人で珍しいですよ。

典子 店は祖父が始めて、父の代で眼鏡や宝飾品も扱うようになったんです。私自身は、修業のつもりで銀座の眼鏡屋に入ったら、きんちゃんがいました。

久男 金銀堂だからきんちゃんって思ってる人もいるんだけど、この呼び名は子どもの頃からでね、江戸っ子は「ひさお」を「きさお」って呼ぶから、きんちゃん。うちは公務員家庭の6人兄弟で、僕は何してもよかったんだけど、銀座に憧れて眼鏡屋に勤めたんです。人と話すのが好きだし、目立ちたがり屋だしね。おしゃれといったら、眼鏡と帽子でしょ。僕ね、中学生の時に地元の大山商店街で800円の

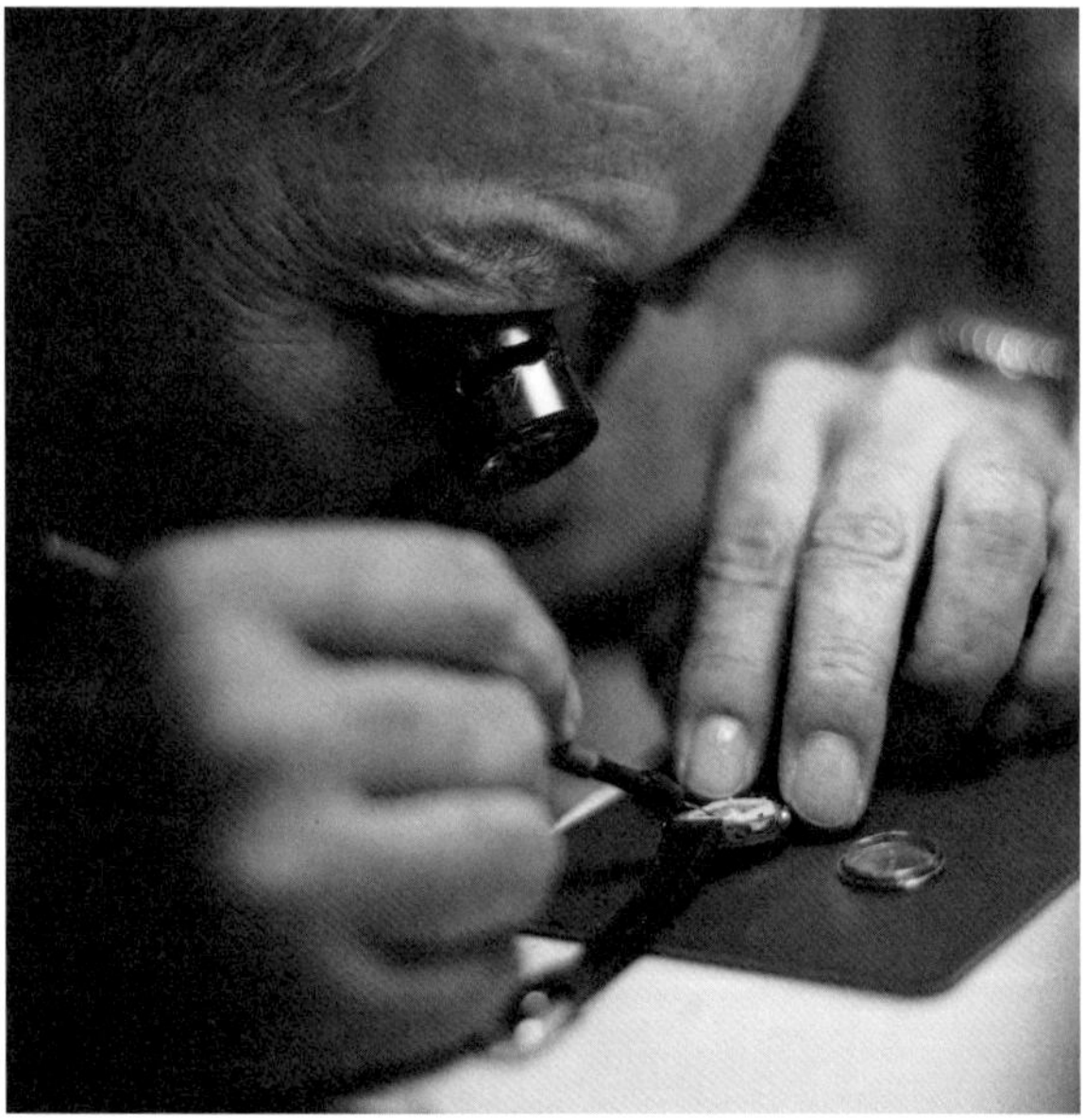

サングラスを買ったんですよ。

典子　当時、眼鏡のレンズはガラスでね、フレームに合わせてガラス切りでカットするんだけど、コツをつかむまでが大変でしたよ。「指は切っても治るけど、ガラスは割れたら使い物になんないからね」って言われたのを今でも覚えてます。

久男　25歳で結婚して、28歳で『金銀堂』に入りました。義父(ちち)が時計の修理をやって、僕らが眼鏡。義母(はは)はっていうと外交ね。カラオケが流行ってて、いつも着飾ってスナックへ行ってたよね。

典子　母は皆を楽しませたり、人集めがうまかったんです。

久男　商店街、町内会、議員の後援会って、いろんな旅行があってね、お袋はハンドバッグに薬をいっぱい入れて持って行ったの。飲み過ぎた人にすぐ渡せるようにって。あの時、うちの置き薬代金が2万円だっけ？

典子　今でも「お母さんにお世話になった」って言って、人が来てくれるんですよ。

久男　昔はさ、卒業入学っていえばお祝いに時計でしょ。親が買ってやったものだよね。デパートで見てきて、買う時は融通の利くうちみたいな近所の店に行ってまけてもらうっていう感じだったよね。安売り店が次々とできて、変わっちゃったけど。

典子　眼鏡は、やっぱり経験なのよね。機械で度数を測ってそのまま眼鏡作っても、長くかけていると強すぎて疲れちゃうの。お客さんと話しながら、その加減を調整していくのが私たちの仕事です。眼鏡が合わないと、頭痛くなっちゃうでしょ。

久男　うちは彼女が何でもできるから、僕がおつかいついでにちょっと足を延ばしても安心なの。店では、強面(こわもて)のお客さんが来たら僕が対応するかな。年配の男性の時はね、僕が話しかけたって全然耳に入らないらしいんだ。彼女が声をかけると、すーっと耳に入るんだよね。

典子　ホント。面白いの。

久男　40年くらい前かな、浅草にお参りしたら「この先いいことが待ってる」って言われたんです。ずっと「何かなあ」って考えてたんだけど、やっぱりスカイツリーのことかなって思う。

典子　うん、そうでしょうね。

久男　でもさ、まだほかにあるかもしれないよね。

21

喋らないお客さんが今、最大の悩みね

あづま屋文具店

文具店（江東区白河）

右
分部芳枝（わけべよしえ）さん
昭和14年（1939）生まれ／東京都北区 十条出身

左
分部登志弘（わけべとしひろ）さん
昭和13年（1938）生まれ／東京都江東区 深川出身

芳枝　ごく普通の文房具なのにね、「あって良かったー」ってうちに来るお客さんがよく言うの。あちこち見て回ったんだって。うちは文具屋だもの、最初っから来てほしいなって思う。

登志弘　親父が大正13年にこの場所で縫製の仕事を始めてね、その後兄貴（あにき）がミシンの横で文具屋を始めたんです。ところが私が小学校に上がる年、東京大空襲でうちの前に焼夷弾（しょういだん）が落ちたんです。この辺り全部燃えてね、火の中を親父に連れられて逃げた先が、今は『深川江戸資料館』になってるけど、旧江東区役所。窓から入る火の粉を、何とか皆で消し止めたのを覚えてますよ。火がおさまって立派な銅の扉を開けたら、建物に入りたくて入り口の階段にいた人たちが、皆亡くなっていました。うちで焼け残

修正ペン・テー
製本テープ

ったのは釜ひとつ。それ持って、姉の嫁ぎ先だった大宮に家族で行ったんです。あんな時でも、電車が走っていたんだねえ。途中、燃えた乾パン倉庫から出てきた乾パンをお釜いっぱいに入れてもらって、しばらく食べましたよ。大宮からここに戻ったのが、小学4年の時。私は何の苦労もなかったけど、親父らは大変だったと思うよ。

芳枝　私は23歳で主人と結婚したんです。商店街にある米屋が、私のいとこでね。まあ紹介っていうかなんていうか。文具屋は商品の数が多いでしょ、なかなか覚えられなくって苦労した。それに両親と同居だったから、最初は無我夢中の毎日よね。

登志弘　商家の娘だからさ、通じるところがあるの。彼女の家は、八百屋だったから。

芳枝　子どもの頃から、お客さん相手の仕事を見てるでしょ。接客が好きなのよ。でも最近、喋(しゃべ)らないお客さんが増えたよね。

登志弘　狭い店内できょろきょろしてる人に「何かお探しですか?」って聞くと、無言なんだよ。これが今、最大の悩みね。

芳枝　返事があると、「べつに」。

登志弘　いや、今は「大丈夫です」かな。それでスーッと帰っちゃう。何か言ってもらうと、こんな商品が望まれているんだなってわかるじゃない。今まではは、そうやって品揃えをしたんだよね。前は中高生が人懐っこくて、私の周りでよくお喋りしていったよ。新しい筆箱が入ると、皆が競って買っていく

の。そういえば、「象が踏んでも壊れない」って筆箱が流行ったけど、試しに叩き落としてひびが入っちゃったことあったなあ。

芳枝　やるんですよ、この人。メーカーの人が持ってきたその場でやるんだもの。

登志弘　実を言えば、他の仕事をしたいと思ったこともあるんだけど、6人兄弟の末っ子で、最後まで家に残るうちに継がざるを得なかったってことかな。親父が、頑固だったからね。

芳枝　お義父さん、深川資料館通り商店街の会長を19年もやったんです。大変だったの見てて主人はずっと断っていたんだけど、理事長になっちゃった。

登志弘　この商店街は、800メートルの間に110軒くらいの商店があるんです。「美楽市」とか「お化け縁日」とかいろいろ企画してね、「かかしコンクール」は今年で19年目。

芳枝　私は、何もしないけど。

登志弘　平成10年に商店街で何かやろうってなった時、私が思いつきで「かかしコンクール」を提案したんです。でも、ここは昔から畑地じゃない都会でしょ。さんざ反対されたんだけど、通しちゃった。何か始める時は、ある程度は強引にやらないとね。水道管を切って骨組みにして、胴体は30リットルのゴミ袋に丸めた新聞紙。頭はレジ袋20号の中に新聞紙。向かいの呉服屋『田巻屋』のおかみさんに、肌着から何から着せてもらって、第一号のかかしを作ったの。それでね、「骨組みを私が作るから、好きなように服を着せてもらえばいい」って提案したんです。そしたら年々参加者が増えて、面白いかかしが集まってくるようになったの。

芳枝　「かかし20体ください」って時なんかは、大変なのよね。

登志弘　骨組みが欲しい人には、私が作ったのをあげるんです。だから、毎年夏になると店の中でかかしの骨組み作り。今は、竹をのこぎりでギコギコやってますよ。180体近く、作るかなあ。

芳枝　もう年だから、ほどほどにって思うんだけど。

登志弘　かかしを置くことで、お客さんが商店街の端から端まで歩いてくれるんですよ。まあ、私も好きなんだね、作るのが。気づけば、親父と同じように店以外のことに、随分と一生懸命になってましたねえ。

22

金曜ロードショーなんて、うちじゃあ深夜枠

立喰そば 八兆
立ち食いそば屋（世田谷区船橋）

右
生田麻衣子さん
昭和48年（1973）生まれ／東京都世田谷区 船橋出身

左
生田淳さん
昭和53年（1978）生まれ／東京都世田谷区 桜上水出身

淳 うちは、昭和の雰囲気そのままの立ち食いで、固めに茹でておきした麺を温めて出すスピード重視でやってます。朝の出勤時間帯は、特に忙しいです。

麻衣子 「あと1分で天ぷらの揚げたて出せますよ」って言っても、「今あるのでいいよ」って言うくらい、皆さん朝は時間がない。でも、お客様の一日がうちからスタートすると思うと嬉しいですよ。「いつもの高菜のおにぎりが、今日はない」ってなったら、その人にとって出鼻を挫かれたことになっちゃうから、こちらも気は抜けません。

淳 朝って、大事ですからね。

麻衣子 うちは、券売機を置かずに口頭でのやりとりなんです。食べてる最中に、「揚げたて入れてよ」って気軽に追加できます。でも、私たちが先代から

きつね 三九〇
たぬき 三九〇
月見 三九〇
ワカメ 三九〇
かきあげ 四三〇
ゴボー天 四三〇
ちくわ 四三〇
NE

22

引き継いだばかりの頃は、計算が……。

淳　慣れるまでは、休みの日に家で「かきあげそばに卵でいくら?」とか、お互いに問題を出し合いましたよ。「大盛りでワカメもね」「おにぎり全種類」なんて言うと、「何でそんな嫌がらせするのよ」って、本気で喧嘩になってね。

麻衣子　お客様が次々入ってきてオーダーするので、こっちもすぐに暗算できないといけないんです。紙に書く時間もないので、従業員みんなが順番とオーダーを覚えているようにして、時々声に出して確認してますね。

淳　熱いものは熱く、冷たいものは冷たくを徹底しているので、うちは器を持つ時に注意が必要です。バイトの子は、ここが最初の試練かな。お客様も初めての方は「あちーっ」ってなる。

麻衣子　器も麺も熱いから、生卵を落とした後ぱーっと膜が張って白くなるんです。ただ、猫舌の人からは「ぬるそば」って注文も入ります。その場合、いつまでも卵は透明なまま。

淳　卵を注文する方って、自分なりの流儀があるんですよ。

麻衣子　白身だけ先に食べる人、途中でかき混ぜる人、こだわりはそれぞれです。最後に黄身が固まってから一気飲みしたいお客さんの場合、途中で崩れておつゆに卵が広がっちゃうことなく無事に最後までいけると、満足だったんだなって思います。

淳　だから、もし出す時に卵が割れちゃったら、作り直しますよ。だって、せっかく流儀があるのに、申し訳ないです。ただ、いきなり最初から卵を崩す人の場合は、「いいよ」って言ってくださるので、そのままかな。

麻衣子 臨機応変に、その場その場の対応です。ワカメのかわりにネギ多めがいい人、ナルトはいらない人、猫舌の人、喋(しゃべ)りたい人、静かに食べたい人、必ず隅っこで食べたい人、皆さんそれぞれの思いがあるんでね。この店は、私の叔母夫婦が昭和58年に始めたんです。おじちゃんが体調を崩して、廃業の話も出たんですが、平成28年2月に、私たちが引き継ぐことになりました。最初の年は、おばちゃん指導のもとで私たちも必死でしたけど、お客様に支えてもらいました。

淳 僕はもともと飲食の仕事をしていたので、この店をやれるのはすごく嬉しかったんです。そばの「かえし」は、36年先代が守ってきたものを、つぎ足しで使っています。代が替わると味が変わるって必ず言われるので、それは覚悟の上で、天ぷらは自分なりに美味(おい)しく出せるっていう自信があります。土曜日は、比較的時間に余裕のあるお客様が多いので、市場で仕入れた穴子の天ぷらを揚げたり、もつ煮込みそばとかカレー南蛮とか、一手間かけたものを出しています。天ぷらは、家庭菜園の野菜を使うこともあるんです。今作ってるのは、白菜、じゃがいも、ザーサイ。週に一度の休みは、仕込みもあってほとんど休めないんですけど、畑の世話が楽しくてたまらないんです。

麻衣子 ビール飲みながら草取りして、夜7時には寝てるよね。

淳 自分は朝5時には店に来て仕事を始めるので、寝るのは普段でも夜8時ごろなんですよ。

麻衣子 だからうちの夕飯は早くて、5時ごろなんです。家族みんなで食べてます。その後、私は小学生の息子2人の宿題を見たり、家事をして、8時半には家族全員で寝てますよ。

淳 金曜ロードショーなんて、うちじゃあ深夜枠ですからね。「トトロが見たい」って息子たちが言った時も「いやあ、うちは無理だよ」なんて諦めたから。休みの前日だって、夜更かしはしません。正月も3日休みがあるけど、いつものペースですよ、きっと。それが、体調を崩さずに頑張れるコツですね。

23

クリスマスはデートしたことがなかったです

洋菓子セキヤ

洋菓子店（荒川区西尾久）

右
関矢紀子（のりこ）さん
昭和57年（1982）生まれ／神奈川県綾瀬市出身

左
関矢尚尊（なおたか）さん
昭和57年（1982）生まれ／東京都荒川区 西尾久出身

紀子　私たち、高校の時の先輩、後輩なんです。柔道部に入ったら、1つ上に主人がいたんですよね。柔道って、普通に男女一緒に練習するんですよ。よいしょーって投げたりして。私、大学でも柔道を続けましたけど、誰かと組んでやる練習は主人が一番やりやすかったんですよね。

尚尊　柔道やってたおかげで、自転車とかで転んでも怪我（けが）しないんですよね。

紀子　あはは、確かに。「礼に始まり礼に終わる」の世界で、相手を敬うことも身に付いたかな。

尚尊　僕、大学を卒業した後はシステムエンジニア（SE）の仕事に就いたんです。

紀子　私は薬剤師になりました。ただ、結婚して長男を出産するタイミングで仕事を辞めたんですね。

HAPPY
HAPPY

23

その時お義母さんが、「この店でアルバイトする？」って声をかけてくれたんです。赤ちゃんを抱えて途方に暮れている感じに見えたらしくて、ちょっと外に出してあげた方がいいんじゃないかって思ったらしいんです。私が店に出ている間は、義母が長男をみてくれました。働き始めると、地元の方がいっぱい来てくれる店なんだなあ、と改めて思ったんですね。それまでも、私自身美味しいな、と思っていたんですけど。いつか義父が店をやれなくなったら、そこで途絶えちゃう。「あなたはそれで大丈夫なの？」って、主人に聞いたんですよ。義父に何かあってから後悔するのだけは嫌だなあ、と思って。

尚尊　僕は子どもの頃から、店を継ぐ気がなかったんです。ただ7年やったＳＥの仕事は面白くはあっても、考えるところもあって。結局29歳でこの道に進もう、と。店は祖父が始めたんです。戦前、長野県から出てきた祖父は、新宿の中村屋さんで修業して、戦争で満州に行って帰ってきた後は和菓子の卸を始めました。職人10人くらいが住み込みで働いていたそうです。でも商売が難しくなった時、祖父の店から他の洋菓子店へ修業に行った人が、「関矢さん、これからは洋菓子だよ」って助言してくれたらしいんです。それでね、その人の修業先のケーキ職人が、向こうの仕事終わりにわざわざ通いで来てくれて、祖父にケーキの作り方を教えてくれたそうなんですよ。そんなことあるんだ？って思うんですけどね。目黒区の『マッターホーン』さんです。バタ

ークリームの「ダミエ」や「セキヤロール」は、あの当時教えてもらったものを変えずに作っています。できたてのダミエの切れ端なんかを食べるの、好きなんですよね。子どもの頃から食べてますけど、やっぱり美味しいなって思う。

紀子　ケーキ屋って、お客さんがわくわくした気持ちで来てくれる場所なので、こちらも素直に笑顔でいられるからいいなあと思うんですよ。私、それまで薬局で働いていたので、病気や怪我をした人たちに笑顔ってわけにもいかないし、言葉にもすごく気を使わなくちゃいけなくて難しかったんです。

尚尊　ケーキって特別な日のもので、みんなの楽しい記憶と結びついているのがいいですよね。僕、最初はよその店に修業に行ったんです。ただ、あまりにきつくて3カ月後には体重が10キロ以上減っちゃって。製菓学校を出ていないので、道具の名前さえわからなかったんですよね。その後、父の下で経験させてもらいました。とにかく、感覚で覚えるしかないんですね。ただやっぱり子どもの頃から親を見ているから、大変さは知っていました。

紀子　付き合っていた頃も、クリスマスはデートしたことがなかったです。

尚尊　小、中学生の頃から、イチゴのヘタを取ったり表面以外のクリームを塗ったり、クリスマス前は家族総出で寝ないで手伝いましたから。正月は、お年賀で焼き菓子が売れるんです。母と妹と一緒に、菓子を包装しながらよく除夜の鐘を聞きました。

紀子　私も結婚してすぐ〝除夜の鐘クッキー〟を経験しました。大晦日に必死にクッキーを袋詰め。とんでもない所に嫁に来ちゃったって思いましたよ。でも今はさすがに従業員を雇っているので、除夜の鐘を聞きながら皆でクッキーを詰めることはしません。計画的に物事を進められるようになったよね。

尚尊　週休1日ですけど、普通のサラリーマンよりは家族と一緒にいる時間が持てるので、その点もいいなと思ってます。厨房の窓から、小学生の息子たちが学校から帰ってくる姿が見えるんです。俯き加減とかで、あれ?元気がないな、ってわかるんですよね。そんな時は、すぐに声をかけられますし。長男がバレンタインのお返しにクッキーを作りたいって言った時には、ここで一緒に焼いたこともあるんですよ。

24

「お前、クリーニング屋の息子で良かったな」

小林ランドリー工場

クリーニング屋（品川区西品川）

右
小林史明（ふみあき）さん
昭和48年（1973）生まれ／東京都品川区 西品川出身

左
小林瑠美（るみ）さん
昭和53年（1978）生まれ／神奈川県横浜市栄区出身

瑠美　大手のクリーニング店では、「受け渡し」と「洗い」は分業ですよね。「この染みを何とか落としてね」っていうお客さんの熱い思いが、ちゃんと現場に伝わらないかもしれない。その点うちは直結です。受け取って洗濯して手渡すまで、主人と私が全部把握してます。お客さんが取りに来た時に、「あれですね」って、すぐに服がわかりますから。

史明　僕なんか、匂いでわかりますもん。洗濯しながら、香水やその人の匂いで、ああ、あの人のだなって。襟の汚れ具合にも、その人の傾向っていうのがありますね。取れない染みもあるけど、一番取れないのは匂いなんじゃないかな。

瑠美　長年お付き合いしていると、あの服だ、なんてこっちも覚えちゃってね。ここに破れがあるけど、

前からそうだったから大丈夫、みたいな。色落ちしやすいとか、特徴も覚えてます。ワイシャツや白衣のボタンがとれていたら、私がサービスでつけるんですけど、独身男性には喜ばれるみたい。それと、シャツのノリを利かせてバリンっと着たいとか、逆に柔らかく着たいとか、好みは最初に聞いて、次からは言われなくてもそのように仕上げます。でもね、時々「洗濯するだけなのに、なんでこんなに高いのよ」とか言われちゃうんです。家庭の洗濯のイメージで、「簡単でしょ?」って。金額では大手には当然かないません。でも、お客さんには見えない部分ですけど、店によって作業内容も違うし、ドライクリーニングの溶剤を管理できているのかも店次第なんです。使い回した汚い溶剤で洗ったら、匂いや汚れが服に移っちゃいます。うちはろ過機を使って溶剤にはこだわっているんです。機械のメンテだって、かなりマメにやってますよ。

史明　僕ね、機械の掃除が好きなんですよ。この仕事、衣類の埃(ほこり)がすごいんです。だから週に2日は1時間以上かけてしっかり掃除をして、機械を拭いてグリースを入れてます。そうすると、機械も壊れにくいんですよ。以前は、自動車の整備士を10年ほどやっていたんです。この店は祖父が戦前に始めて、長男だった父と叔父たちがその後を継ぎました。今もそうですけど、工場の上が自宅なんです。小さい頃から手伝わされて、それが嫌でね。例えば集配してきた銀行の事務服500着のポケット掃除。ピン

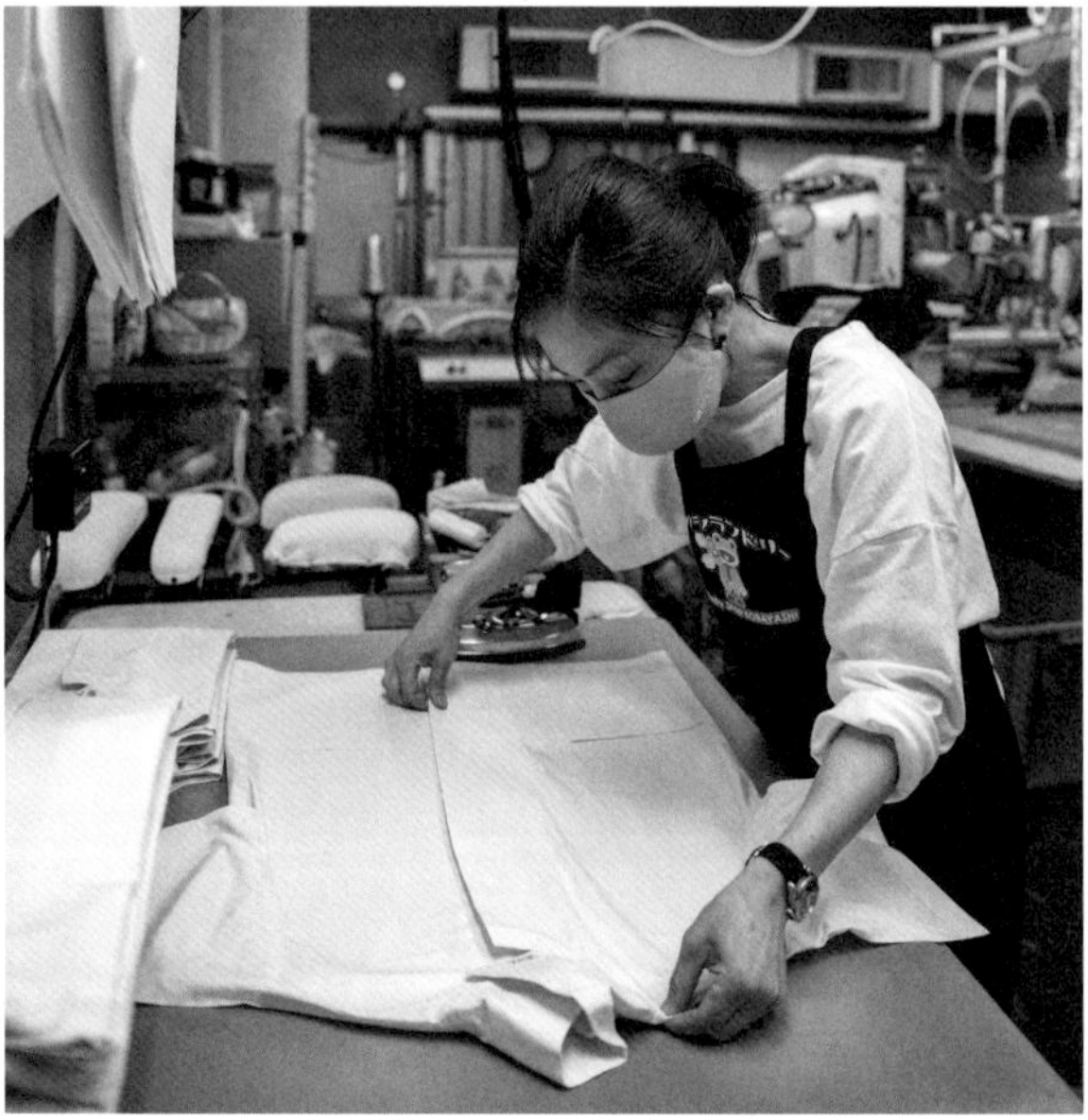

やボールペンが入っていないか、中をチェックするんです。そういうものが挟まると、機械が壊れちゃうんで。当時は子どもの手も借りたいくらい、忙しかったんですよね。

瑠美　付き合っていた頃には、クリーニング屋の話はひとつも出てこなかったんですよね。私は研究所に勤めていて、マウスを使ったゲノム解析の研究補助をしていたんです。彼は、車が大好きで整備士に。全くの畑違いでしょ。私たち独学でクリーニング師の資格も取ったんです。

史明　親父に頼まれて継ぐことになったのが19年前かな。ところが、店を始めた途端に親父が体調を崩して、亡くなっちゃったんですね。結局、僕一人でこの仕事を始めたようなもんです。資材屋さんが同業者を紹介してくれて、その輪の中に混ぜてもらえたのが良かった。仲間にいろいろ教えてもらいました。この後僕は、病院や銀行を回って洗濯物を集配してきます。親父の頃から付き合いのある銀行は、事務服の扱いはなくなったんですけど、社員食堂の料理人の白衣をやらせてもらってます。帽子と白衣の上下に個人の名前が書いてあるので、アイロンをかけた後にAさんのセット、Bさんのセットって1人分ずつ仕分けして、配達の時にテーブルの上に並べてくるんです。長年お世話になってるんで、これくらいの手間は何でもないです。僕ね、そこの従業員30人くらいの名前を皆知ってて、誰かが異動になるとわかるんですよね。

瑠美　主人が集配の合間に車の中で食べられるように、いつも1合分のご飯でおにぎりを2個作って持たせるんですよ。戻ったらすぐに洗濯を始めるので、慌ただしくて。私が結婚して驚いたのは、自宅に洗濯機と物干しがないことですね。家族4人分の洗濯も、2、3日ためておいて主人がここでやります。昔、実家のバスタオルって、干した後カピカピになってたんですよね。今はふわっふわ。衝撃でしたよ。乾燥機で起毛するんです。そういえばこの前、中学生の長男が、美術の授業で制服に絵の具やら何やらくっつけて帰ってきたんですよ。「そんな汚れた服を着てちゃだめだ」って、主人がすぐに洗って仕上げました。「お前、クリーニング屋の息子で良かったな」なんて言ってた。まあ、そういう良さはありますかね。

株式
会社
味工房スイセン
5487-5866
華

Coca-Cola
ラーメン・餃
こばやし
中
こば
(3491)

essay 3

いい客になりたい

クリーニング屋の小林さん夫婦と話し始めてすぐ、私は強烈なパンチをくらったみたいになった。瑠美さんがこう言ったのだ。「私たちって、下人みたいに思われているんじゃないかって、この仕事を始めてすぐ感じたんですよ」。げ、げにん？　と、最初はよくわからずに口をぽかんと開けていた。「下人っていうか、使用人？」。使用人ですか？　またもや、ぽかんである。「〝ここの汚れ落としといて〟って、投げるみたいに置いていく人がたまにいるんです。〝急いでるのよ〟って、一方的に言って。それにね、普段は旦那さんのワイシャツを自分で洗っている人が、〝今日はお願いするわ〟っていう場合。〝えー、なんでこんなに高いのよ？〟って、店頭で文句を言うんですよね。どうも、立場が対等じゃない気がするんですよねー」。

これには、たまげた。そもそも、その発想がなかった。店やその仕事のことを理解したい、なんて思って取材をしていたけれど、客としての自分はどうなんだ？　ということだ。私たちが商店の人を見るように、彼らは客を見ている。自分はいつも客の側だった、ということに改めて気づいた。気づいた途端、急に恥ずかしくなってしまった。

人は、自分の脱いだ服を洗ってくれる人に対して無意識に見下ろすような態度をとってしまうのだろうか。昔のドラマに出てくる、使用人が主人の服をたらいでごしごし洗うあのイメージか。

史明さんは、店を継ぐまで車の整備士をしていた。メンテナンスや掃除も手を抜かず、機械に強い。工場内は本当に清潔だった。洗濯の溶剤にもこだわって自信を持ってサービスを提供しているのに、「なんで高いのよ」と値段だけを見て文句を言われるのだ。〝値段で勝負〟の大手チェーン店とは、そもそもが違う。考えてみれば、パン屋に入って「なんでこんなに高いのよ」と面と向かって文句を言う人はいないと思う（パン屋の例が多いのは、私がパンが好きでしょっちゅう行くから、という理由です)。

小林さん夫婦は、他の仕事をしてから店を継いだため、客観的に自分の仕事を見られるのだと思う。これまで取材をしてきて、ここまで本音を言ってくれる人は珍しく、二人の飾らない率直さにも心を打たれた。取材中もずっと手を動かしながらのインタビューで、丁寧な仕事は十分伝わってくる。だからもし、私がその場に居合わせたなら、お客さんに一言はっきり言ってやりたいわよ、と思ったほどだった。

小林さんを取材した2か月後、関矢さん夫婦を取材した。尚尊さんは、おじいさんの代から続く洋菓子店の3代目。地域に愛される街のケーキ屋さんだ。妻の紀子さんが、「ケーキ屋はにこにこしていていいから、接客の時、気持ちが楽なんですよ」と言った。これもまた、過去に薬剤師をしていた紀子さんならではの意見だった。病人や怪我人がくる薬局では、笑顔が逆に相手を傷つける場合もある。それに比べて、ハレの日の楽しい行事の時などに行くことが多い洋菓子店では、お客さん自身が楽しそうだ。接客する側も笑顔で応え、そこには温かい時間が流れる。

ケーキが並ぶショーケースを前にして、険しい顔をするなんて想像できない。ましてや「なんで高いんだ」と文句を言う人はいないはずだ(セキヤさんのケーキの値段の話ではない)。

ここで、はて、自分はどうだろうか、と考えた。私が、銭湯で見せる顔と本屋、ケーキ屋、クリーニング屋で見せる顔は、もしかしたら全部違うのだろうか。店の人にとっての私の印象は、バラバラかもしれない。ある店で私は愛想のいい人かもしれないけれど、別の店では不機嫌な人、と思われているかもしれない。ああ、なんてことだ。今まで、考えたこともなかったなんて。ある業種の人からしたら、客はいつも不機嫌だったりイライラしている、ということだってあり得るのだ。親から継いだ仕事がそういう業種だったら、たまったもんじゃない、と私など思ってしまう。

こんな言い方もなんだけど、いい客になりたいと思うのだ。誠実な仕事をしている人に対して、どんな時でも「ありがとう」と素直に言える客になりたい。でもそれって当然のことなんだけれど。

25

結婚して、ほとんど昼はラーメンです

中華こばやし

中華料理屋（品川区西五反田）

右
小林友子さん
昭和19年（1944）生まれ／栃木県那須郡 旧馬頭町出身

左
小林保男さん
昭和17年（1942）生まれ／東京都江東区 深川出身

保男　工業高校を出て、4年半サラリーマンをやったんですよ。でも、このまんま働いても将来が知れてるなあって思ってね。半年間ラーメン屋で仕事を覚えてから店を始めました。っていっても、親父とお袋がもともとここで商売をやっていたんですけどね。僕が中学生の頃は、煎餅や飴を並べて売ってて、そのうちパンやら牛乳やらを置くようになって。この店は、僕の独断で始めたわけだけど、親父とお袋も手伝ってくれました。当初ラーメン一杯35円ね。

友子　私は会社勤めをしていたんです。お稽古事をやりたいなあって思ってお三味線を始めたら、先生に主人を紹介されて。ええ、この人も生徒だったんです。つかまっちゃったもんだから、三味線は1年たらずで辞めちゃいましたけど。

中
6 AM
12 PM
EVERYDAY
NATURAL
COFFEE

25

保男　僕も結局、店が忙しくなってすぐに三味線どころじゃなくなっちゃった。この辺は町工場地帯でね、席が1つでも空けば次々と相席で工員さんたちが来てくれました。駅前の麻雀屋の出前も多かった。親父は80歳までバイクで出前に出ていたんだから、頭が下がるよ。

友子　私も、夢中で働きました。なんせ新婚旅行で北陸から帰ってきたら、店がめちゃくちゃ忙しいわけですよ。その場で、働き始めたんだもの。親と同居でしょ。子育てもあるでしょ。毎日フル回転でしたよ。当時私が布団に入れるのは、午前3時ごろでしたから。主人はね、昔っから家のことは何もしないんですよ。

保男　晩酌の酒、2合の燗付けだけやるよ。

友子　それでね、食事が口に合わないと「まずい」って文句言うんです。去年、イギリスへ行った時は大変でしたよ。

保男　娘のダンナがイギリス人で、孫と一緒に連れて行ってもらったんです。それがさ、何食べてもうまくないんだ。

友子　向こうにいる間中、ほとんど食事を摂らないもんだから、帰りなんて栄養失調でフラフラ。帰国してから寝込んだんですよ。お盆で休みにしてたから、よかったわよ。自分の口に合わないと、何も食べない頑固な人なんです。頑固と言えば去年脳梗塞で入院した時もそう。無事で良かったんですけど、「1週間入院してください」ってお医者さんに言われ

たのに、4日で「もう帰る」って。

保男　病院のパジャマのまんまで、タクシーに乗って帰ってきちゃった。間が持たないんだよ。仕事やってるほうが楽なんだ。

友子　退院翌日に、店を開けました。

保男　自分でやんなきゃ納得できないから、人を雇うってことができないんですよ。メンマだってね、塩漬けを2度茹でこぼして塩出ししてから、切って味付けするんです。味噌ラーメンの味噌も、人参や玉葱(たまねぎ)、ニンニクや生姜(しょうが)を混ぜて作ってる。もやしのひげだって、とりたいしね。

友子　全部自分でやるから、自信を持って出せるっていうのはありますよね。

保男　ラーメンのスープは毎朝とります。うちは豚骨です。煮干しやニンニク、生姜なんかを入れてね。豚骨は、グダグダ煮出すと濁ったスープになるの。ポコリ、ポコリいうぐらいにすると、澄んだスープになるんです。自分で、これが一番うまいなあと思ったのをやってる。50年、変わらない味だね。

友子　結婚して、ほとんど昼はラーメンです。飽きないんです。麺を茹でるのは、私。主人はチャーハンや炒め物です。でも、主人がちょっと出ている時にお客さんが来れば、何でもやりますよ。昔ね、喧嘩(けんか)した時に「お前は何もできないだろ」って言われたのが悔しくって、娘が小2の頃かな、夜中に勉強して調理師の免許を取ったんですよ。

保男　もうコイツとは話なんかしねえって思ってもダメですね。今、二人しかいないんだから。

友子　ホント。返事なんかするもんかって思ってもダメよね。

保男　今は夜7時には店を閉めるんですけど、その後掃除に2時間かかるんです。こんな小さい店でもね、掃除しないと油でダメになっちゃう。昔からの習慣で、やんないと落ち着いて酒を飲めないから。

友子　掃除の後、ご飯の支度をすると、夕飯は10時半ですね。主人が飲んでる間、半分居眠りしながら待ってるんです。その後片付けて風呂に入ったら、やっぱり寝るのが2時ごろになっちゃうのよね。

保男　ラーメン一杯500円。この値段でも、うちは決して損はしていません。中華屋は庶民の味方、ラーメンは庶民の食べ物なんだって考えですよ。

友子　私も毎日食べていますし。

娘はお巡りさんによく声をかけられたんですって

あつみベーカリー
パン屋（西東京市南町）

右 板垣順子さん
昭和19年（1944）生まれ／群馬県富岡市出身

左 板垣祝夫さん
昭和15年（1940）生まれ／愛知県津島市出身

祝夫　小平の都営住宅の一角で、小さな店を始めたのが出発点なんです。宮大工の親父が、廃材で建ててくれて、洋服ダンスみたいな発酵室も手作りで。

順子　義父は、明治神宮を再建した時の棟梁なんです。ホントは大工を継いでほしかったみたいだけど、景気も良くないし、これからはパンのほうがいいぞ、ってね。

祝夫　中学卒業してから10年間、親父の知り合いのパン工場に住み込みで修業しました。お金は貯まらなかったけど、技術は学んだね。その頃、休みを貰って家に帰ったら彼女がいたんですよ。朝ご飯の時にね、ご飯をよそってくれたんです。

順子　全然覚えてないんだけど、よそったらしいの。私たちいとこ同士で、その時が初対面だったんです。

ERY
ATSUM

26

私が『明治記念館』に就職するんで上京してきて、親戚ってことで最初の3か月だけ、彼の実家に世話になったんです。

祝夫　修業を終えて私が小平で店を始めたら、彼女が時々手伝いに来てくれましてね。

順子　だって、世話になったからね。商売も好きだったの。そしたらこの人、親の知り合いの紹介でお見合いをしたその日に、私の職場を訪ねてきたらしいのよ。友達が、「女子寮にいるから、会いに行っても入れませんよ」って伝えたら、とぼとぼ帰ったって後で聞いたんです。

祝夫　やっぱり彼女がいいなあって思って。

順子　23歳で結婚して、とにかくよく働きましたよ。最初の小平の店の時にはね、キャバレーにお勤めしてた女性が、毎日50個もケーキを注文してくれたのよ。小さくて丸い形のバタークリームのケーキ。お客さんに配るからって。毎晩夜なべして作って、届けたんだもの。あの注文は助かったよね。でも、小平の店は都営住宅の土地で、そのまま商売を続けられないって言われて困っちゃってね。

祝夫　そんな時、粉屋さんの講習会が田無であるっていうので、ここに来たんです。当時は「十字ベーカリー」ってパン屋でね、ご主人は他で店を出すから、ここを売りに出してるって言うんです。和菓子屋さんが買う気でいるけど、モタモタしてるし、どうだい？って言われてね。

順子　初対面なのに、お父さんのことすごく気に入

ってくれたの。お金なんて後で考えればいいから、アンタに売りたいって。ここは、エース通り商店街で、海苔屋、肉屋、豆腐屋って何でも揃ってる通りだったんです。今じゃあ面影もないんだけど。

祝夫　商店の中でも、当時は私らが一番若いくらいだったよね。

順子　うちは、子ども4人と義父母の8人家族でね、いまだにうちの子たちは言うの。小学生の頃からよく手伝わされたって。

祝夫　私の親父はね、金は使うとなくなるけど、子どもは使うほどにいい子になるって言ってましたよ。

順子　朝小学校へ行く前にも、駅前の喫茶店にパンを運んでもらったの。小学生が大きなかごの自転車に乗ってるのは変だって疑われて、娘はお巡りさんによく声をかけられたんですって。

祝夫　貯金があるわけでもないゼロからの出発だったから、ホント一生懸命だったよね。営業を水曜と土曜の週2日にしたのは、5年前からなんです。

順子　私の大腸がんが見つかって。でもね、おかげさまで全部取って、今はこの通り元気。

祝夫　このペースにして良かったんです。

順子　私は朝5時ごろからサンドイッチや総菜パンを作ります。コロッケ、メンチ、揚げシュウマイ。全部手作り。コロッケなんかは、おいもをふかしてマッシャーで潰して、いっぺんに300個以上作って冷凍しておくの。お客さんの中には、「コロッケだけ売ってよ」なんて人もいてね、友達の分も合わせて何十個も買っていくの。「お総菜屋じゃないよー」なんて笑ってるんだけど、「美味しい」って言ってくれるから、嬉しくって。

祝夫　パンの仕込みは、私がやります。粉と材料を合わせて練り込むまでが一番大事だからね。今は娘が窯を手伝ってくれるから、助かってるんです。でも、季節の変わり目っていうのは、いつも難しいね。夕方、フランスパンが焼きあがるんだけどね、今日なんかも最初のは艶が良かったけど、バタールなんかは、どうもピカッと色が出なかったね。

順子　孫の武ちゃんは、じいちゃんのパンが大好きなのよ。「食べていい?」って聞かれたら、じいちゃんだって嫌とは言えないよね。娘たちはそのことも言うの。「私たちは、残り物しか食べなかったよね」って。孫には甘くなるよね。

27

子どもまで加わって、もう家族丸出し状態

定食あさひ
定食屋（三鷹市下連雀）

右
日野泰彦（やすひこ）さん
昭和52年（1977）生まれ／宮城県仙台市出身

左
日野麻子（あさこ）さん
昭和52年（1977）生まれ／神奈川大和市出身

泰彦　僕の場合、朝厨房に入って、まず煮干しでお味噌汁のだしを取る時間が好きですね。大根や人参の皮も入れると、まろやかな味になるんです。バタバタする前の、静かなひとときって感じですかね。一日が始まるなあって思う。

麻子　私は、店の掃除をした後、ぬか漬けを出して切る時間が好きかな。漬物だけはやらせてもらってるんです。3歳の息子が保育園に行くようになって、仕事に集中できる時間が持てるようになったなあって、喜びを感じる時間です。

泰彦　37歳で店を始めて、もうすぐ5年になります。結婚が26歳だから、10年くらいはお互いそれぞれのことをやってたんです。僕自身、会社勤めは向かないなって思ったのが30歳。そこから飲食の道に入っ

おひるごはん
12:00~14:00

て、洋食店、ビストロ、カフェ、いろんなところで働いてきました。

麻子　私は『ジブリ美術館』で働いてました。最初はチケットのもぎりとか、ネコバスの部屋で子どもたちと遊ぶとか。そのうちカフェの厨房で、カツサンドのカツを揚げたりするようになったんです。作るほうはド素人だったので、一から教えてもらいました。「美味しいね」って喜んでくれる子どもたちの顔を見たら、食べ物って人を喜ばせることができるんだよなあ、って改めて思って。

泰彦　『定食あさひ』の店名は、日野麻子のもじりもあるんだけど、わかりやすい名前がいいねってことで決めたんです。

麻子　英語の名前とか、おじいちゃんたちには入りづらいかなって。それに食堂って言っちゃうと、もっといいご飯が出てきそう。

泰彦　僕はご飯とお味噌汁が好きなんです。それと漬物、豆腐、酢の物。店をやるなら、お味噌汁はちゃんとやろうって思いました。店に入ってお味噌汁が美味しいと、なんか嬉しいっていうか得した気分になるから。

麻子　私はパンとかスコーンとか粉ものが好き。最初、カフェにするかで少し考えたんだよね。

泰彦　でも毎日食べるなら、ご飯と味噌汁かなって。

麻子　店のオープンの時点では、まだ息子はいなかったんです。そもそも子どもの想定をしていなくって。翌年赤ちゃんができたってわかってからは、さらに頑張って働こうって気持ちになりました。1歳半で保育園に入れるまで、ずっと背中におぶって働いてました。体力には自信があったんです。朝8時すぎに店に来て、夜10時半までおんぶ。時々、籠に入れて階段の下に置いたりして。でも今となっては、大変だったとか覚えてないんです。

泰彦　僕も息子が生まれてから1年くらいの記憶がない。必死すぎて。時々、僕がおんぶをかわりました。それと、歌うたったよね。子守歌。

麻子　二人で店を始めた時も、夫婦でやるってことで恥ずかしかったのに、さらに子どもまで加わって、もう家族丸出し状態じゃないですか。かっこつけることなんてできない。でも、それが良かったんだろうね。お客さんには随分助けてもらったよね。

泰彦　うちは、カウンター席から厨房が全部見えるでしょう。包丁遣いも何もかも、自分の未熟さがお客さんに丸見えなんです。最初は恥ずかしいなあとか思ったんですけど、それどころじゃなかった。2階の座敷も合わせると20人入れるんですけど、たまにオープンと同時に満席になることがあるんです。あれは本当にプレッシャーで。ようやく、焦っても仕方ないって思えるようになりましたね。

麻子　この人時々〝おそ松くん〟みたいになってて、足がわーって動いてるんです。私、店をやるようになって初めて、彼が必死になってる姿を見たんです。もともとが穏やかな人で、怒ったところも見たことがなかったから。お店を始めてからが、二人にとって〝結婚〟みたいな感じです。必死な姿を見て、なんか人間っぽさを感じるっていうか。

泰彦　僕たち性格が全然違うんですよ。彼女は明るくて社交的。自分はそうでもなくて地味。お客さんに麻子が話しかけることで、その場がなんだか居心地よくなったりして。彼女を見てると、発見があるんです。

麻子　でも、夜とか「お茶どうですかー」って、この人も地味に話かけてるんです。それを見て、必要以上に喋（しゃべ）らないのもいいのかな、って思ったりする。

泰彦　厨房から直接ご飯をカウンターのお客さんに出す時があるんですけど、そういうのいいなって思うんです。家で、家族がご飯をよそって手渡すのと同じで。狭い店ですけど、この距離感もいいのかもしれないです。

28

学校の放課後をずっとやってる感じ

AsianMeal（アジアンミール）
アジア食材専門店（府中市矢崎町）

右
海野博士（うんのひろし）さん（ハカセ）
昭和46年（1971）生まれ／神奈川県横浜市金沢区出身

左
海野陽子さん（ヨーコ）
昭和43年（1968）生まれ／兵庫県神戸市出身

ハカセ　酸っぱいのは青マンゴー。こっちはセロリです。スパイスってつまんでいくうちに、何だかハイな気分になるんです。盛り上がるから、皆でつまみながらチャイを作ったりするんです。この間は「ビリヤニ」っていう、インドの炊き込みご飯を作るワークショップをやりました。

ヨーコ　作るのは彼です。昼のまかないも、奥の〝禁断の間〟でカセットコンロを使って、ちゃちゃっと作ってくれるんです。

ハカセ　スパイスも料理も、勉強したことなんてないんですよ。そもそも俺、横浜中華街でチャイナドレスを売ってたんですから。自動車のデザインの専門学校に通ってた時のアルバイト先が、中華街の雑貨店だったんです。中華街って厨房の中をのぞいた

西5通路
Asian Meal
アジアンミール
センレック
RICE NOODLES
極上
京
EXPIRY DATE: 2019 - 10

28

りできるんですよ。コックさんと仲良くなって用事があって行くと、いろいろ作ってるわけですよ。見て覚えちゃったの。

ヨーコ　ハカセの「牛ばらそば」、めっちゃ美味しいです。

ハカセ　オイスターソースでじっくり煮込んだ牛バラ肉を、麺にのせるだけなんですけど。そういう日は朝から弱火でコトコト。

ヨーコ　店中にいい匂いが漂って、もうお腹が減って減って。

ハカセ　店の商品は、全部自分で料理して食べてみます。日本人には馴染みがないナマズ、うちは冷凍で置いてるんですけど、白身で癖がなくて舌平目に似てるんですよ。ソテーでもスープでもいけます。自分で料理すれば、食べ方も含めて説明できますからね。商品の袋が破れてたり、賞味期限が切れたりしたら、まかないに使うんですよ。

ヨーコ　ここで店を始めたのは、2005年なんです。私は食材のことも全然わからないから、無我夢中でした。グラフィックデザインを勉強して、就職したのは百貨店の建装部だったんです。6年働いた後「新しく立川に商業施設を造るんだけど、手伝わない?」って誘ってもらって、関西から上京してきたんです。29歳で初めての一人暮らしが嬉しくって。その商業施設のテナント店で、中華食材や雑貨の店長をしていたのが彼です。こういう人なんで、楽しげな感じで店先に立ってましたね。

ハカセ　その時取引をしていた業者さんが、ここで店をやってたんです。辞める時に「場所が空くけどやる?」って声をかけてもらって、二人で店を始めることにしました。

ヨーコ　お客さんに何でも教わって、育ててもらった感じだよね。

ハカセ　カレー屋さんのお客さんからスパイスを置いてって頼まれて、入手先まで教えてもらううちに今の品揃えになったんです。人気の青バナナだって、スリランカのお客さんがカレーを作るのにどうしても欲しいって言うから、試しに取り寄せてみたんです。売れ残るかと思ったら、フィリピンの人たちも大喜びしてくれて、あっという間に売り切れ。うちは小売りもしてるから、インドネシアやフィリピン、台湾、中国、いろんな国の人が来てくれるんです。

ヨーコ　それに、市場って長屋付き合いなんですよ。お客さんに尋ねられたものがないと、「あそこんちは売ってるよ」って他の店を教えてあげるの。

ハカセ　たいてい横文字の珍しい商品だと、うちを紹介されて来るよね。彼女が風邪で店に出られない日なんかは、トイレに行く時に店が空になっちゃうじゃないですか。「便所行くねー」って声かけると、周りの皆さんが様子を見てくれるんです。あっちで立ち話してる人が、こっち側に移動して喋(しゃべ)ってくれる。

ヨーコ　骨折した時もね。

ハカセ　俺バイクで配達中に転んで、骨を折っちゃったんですよ。通る人通る人「どうしたの?」って聞いてくれるから、何百回説明したかねえ。

ヨーコ　等身大パネル作って骨折の理由を書いて、店先に置こうかって、二人で笑ったくらい。

ハカセ　荷物を運ぶ時だって、「いいよ、やってやるよ」って誰かしらが手伝ってくれてね。ここ大東京綜合卸売センターは、学校みたいですよ。学校の放課後を、ずっとやってる感じ。そうそう、俺たち誕生日が同じ日なんです。12月27日。

ヨーコ　でもこの日って、仕事納めの所も多くて一年で一番忙しい時なんですよ。

ハカセ　朝起きて「おめでとうございます」って言いあうだけ。

ヨーコ　別々の日だったら気を使って誕生日に何かすると思うんだけど、一緒なもんだから毎年「まあいっか」ってなっちゃうんですよね。

おにぎりは、一個も握ったことがなかった

握飯屋（にぎりめしや）

おにぎり屋（小金井市東町）

右 塚田康博さん
昭和36年（1961）生まれ／秋田県秋田市出身

左 塚田俊子さん
昭和37年（1962）生まれ／東京都立川市出身

康博　この物件に出合って、「おにぎりやってみる？」ってなったんです。それまで武蔵境で2年間「中華蕎麦屋」って店名のラーメン屋をやっててね、立ち退きになって場所を探していたんです。油そばが結構流行って、本当はラーメン屋を続けるつもりだったんだけど、この物件は大改装が難しそうだし設備もラーメン向きじゃなかった。

俊子　二人して、この場所が気に入っちゃったの。駅を出て踏切渡ってこっち側にくる、っていうのがすごくよくって。

康博　僕、それまでおにぎりは一個も握ったことがなかったんですよ。

俊子　ラーメン屋の前はサラリーマンだったから。

康博　証券会社で外為（がいため）やってました。彼女とはスキ

握飯屋
(みたいな)
7.27
夏!
スタが熱い!
8.15
8.5
たちは、FC東京を応援しています。

ーに行って知り合って結婚。バブルの頃のよくある話でしょ。ただ、サラリーマンは向いてなかったから、10年で辞めてラーメン屋を始めたんです。あの時、思ったんですよ。いい材料を使って丁寧に作れば、ちゃんとお客さんは来てくれるって。僕、本格的に料理の修業をしたわけじゃないから、あれもこれも作るのは難しい。それなら、こだわった単品商売をやろうと思った。

俊子　おにぎりだけっていうのは、不安はありました。でも、まあ何とかなるかなって。ラーメン屋の時、チャーシューの切れ端をご飯にのせたチャーシューライスをやってたんです。「食べきれないからおにぎりにしてください」って学生さんに言われて、「これ、ありかもね」って、二人で話したことはありましたね。

康博　市場調査とか、リスクがどうのとか、何も考えなかったよね。この物件ならおにぎりだって、迷いもなかった。それでね、やってみたら僕は三角おにぎりが握れなくって、丸いおにぎりになったんですよ。

俊子　たくさん握るとなると、丸い方が速かったのよね。両手で転がす感じ。

康博　長く続けているうちに、力が抜けて握れるようになりました。水泳もマラソンもそうでしょ。うまくなると、肩の力が抜けてくる。

俊子　スポーツオタクだから、例えがすぐスポーツになるの。

康博　実際にここで始めてみると、駅前だけど人通りがないっていうのかな。静か。田舎から出てきたばかりの学生さんに「ここはのどかですねえ」なんて言われちゃう。20年店をやってきて「この辺りも変わったでしょ」って言われるけど、全然。まあそんなこともあって、宅配をやることにしたんです。

俊子　最初の頃は、暇な時間がいっぱいありましたから、当時小学生だった娘にも色を塗ってもらってチラシをたくさん作って、ポスティングしました。

康博　思いもよらない所からも注文が入りましたね。パチンコ屋さんには、あの時、月に1000個くらい持っていったなあ。朝飯を食べずに来るお客さんに、サービスで配るんだって。そのうち、保育園とかサークルの集まりとか、まとまった注文がコンスタントに入るようになって安定しましたね。

俊子　うちは、作り置きはしないんです。注文を受けて握ります。だからお待たせしちゃう時もあるんですけど。定番以外に、今月のおにぎりと週替わりのおにぎりを毎月二人で考えてます。秋は茹で卵を味噌漬けにしたお月見おにぎりや、イクラおにぎりを楽しみに待っていてくださる方もいて。

康博　個別で採算が合わなくても、トータルで合えばいいやと思うんです。その部分では、二人とも意見が同じ。

俊子　お客さんに胸を張っていたいんですよ。いい物ですって、堂々としてたいのかな。ただ、皆さん食べ物に関しては結構保守的かもしれない。

康博　銀色の髪でギター抱えた過激そうな若者が、いつもかつお梅と鮭（さけ）とかね。世間に反発してるふうに見えるけど、田舎で大事に育てられたんだなあ、米の味がわかるんだなあって思いますよ。

俊子　うちの米を食べて、将来「美味（おい）しかったなあ」って思い出してくれたら嬉（うれ）しいよね。

康博　実は、この夏は2週間の夏休みをとったので、金沢、新潟って日本海を車で移動して秋田で墓参りをするプランを立ててるんです。ずっとキャンプ。

俊子　去年の夏、一緒に海辺でキャンプをしたら、私2日目で気分が悪くなって。だから今年は別行動。初めて青春18きっぷを買いました。秋田でうちの人と合流するまで、一人旅です。わくわくしてるの。いつも一緒なんで、たまには離れるのもいいかなあって思ってね。

30

もう彼の頭の中、イタリアしかなかったんで

Piatti(ピアッティ)
イタリア食材店(目黒区駒場)

右
岡田幸司さん
昭和41年(1966)生まれ/滋賀県東近江市出身

左
岡田真由美さん
昭和45年(1970)生まれ/佐賀県佐賀市出身

幸司　僕はもともとゼネコンの社員で、建物の骨組みの構造設計をやっていたんです。

真由美　27歳で結婚した時は、このままサラリーマンの妻でいくとばかり思ってました。

幸司　30歳の時、イタリアへ行ったんです。建築物が好きで。実際に住んでみないと文化はわからないと思って、1年間休職しました。インターンシップを使って、シチリア島の中学校に派遣されてね、教員のお宅にホームステイしながら、中学生に日本のことを教える生活でした。

真由美　私はその間、佐賀の実家に帰ってました。

幸司　帰国して仕事に復帰してからも、イタリアと繋(つな)がりたくてたまらないんだけど、何をしていいのかわからないんです。古い建物の修復に興味を持っ

30

たんだけど、僕がやってきたのは現代建築。今から新しいことを始めるのは、時間とお金がかかりすぎる。じゃあ、どうする？って悶々としてました。

真由美　私もその頃は会社勤めをしていたので、主人が何かを始めても食べてはいけると思っていたんです。もう彼の頭の中、イタリアしかなかったんで。

幸司　最初はドライトマトだったんですよ。美味しいと思って産地を見たら、私がシチリアで暮らしていた街のすぐ近く。ファクスでラブレターを送って、訪ねて行きました。今思えば、ドライトマトのサンプルをもらって終わり、の旅でしたけど。

真由美　ドライトマトって、まだ日本では馴染みがなかったんです。どうやったら美味しく食べられるか私自身も考えて、いろいろと料理を提案しました。

幸司　2002年に会社を辞めて、翌年から通販でドライトマトを売ることにしたんですよ。そうしたら、ある店でハーブの第一人者の北村光世さんがセレクトした食材を並べる棚に、うちの商品も出してもらえることになったんです。同じ頃、伊勢丹のイタリア展でも出店の話がありました。並べるのはドライトマトだけ。それしかないから。

真由美　その品数の少なさが、逆に専門店っぽく見えたんでしょうね。

幸司　すごく売れたんです。そうしたら北村先生から「あなたドライトマトだけで生きていけるの？」って聞かれたんですね。「パルミジャーノってチーズがあるのよ。チーズの王様よ」って。「このチーズを伝統的な切り方で切れる人はほとんどいないの。そういう本物の良さを大切にすべきだから、勉強しなさい」って、人を紹介してくださったんです。しかも「職人の世界は場数を踏むしかないから、私の講演会がある時にチーズを持ってきて、売ればいいのよ」って。

真由美 私も何回か見に行きました。本人以上に、ドキドキですよ。もし、ナイフでグサッと手を切ったらどうしようって。

幸司 カッティングショーですよね。2年間くらいかけて作るチーズなんで、包丁で切ろうとしても歯が立たないんです。専用のナイフをいくつか使って、クサビを打ち込むみたいに割るんです。チーズが冷たいとダメ。常温において緊張をといた状態のものが、きれいに割れます。ナッツやパイナップルのような香りが広がるんです。大きな機械を使わず小型のナイフでやるのは、こまめに切って新鮮な状態を保つためなんですよ。

真由美 その後はハムだったね。

幸司 北村先生が、「あなた、次は生ハムよ」って。「ハムはちゃんとした道具で切ってこそハムよ。うちに機械があるから貸してあげる」って言うんです。スーツケースに生ハムを入れて、先生のご自宅に通いましたよ。何度もダメ出しされました。

真由美 当時は、通販だけでやっていくつもりだったんですけど、貯蔵庫と作業場が必要で物件を探していたら、この場所を見つけたんです。最初は冷蔵ケースの中に、パルマハムとパルミジャーノチーズの2つだけ。ガラガラでね、水でも入れておく？って感じだったよね。

幸司 店のオープンから10年。扱う食材も増えました。生産者に会いたくて、何度も足を運びました。

真由美 仕入れて食べると、作り手に会いたくなるんです。二人で訪ねて行って、生産者夫婦とご飯を食べたりすると、発見も多いんです。こんな食べ方があるのかとか、合わせるワインとか。

幸司 ドライトマトの生産者は、一番古い付き合いですよ。夏完熟したトマトを使う瓶詰の裏ごしトマトは、僕のプライベートオーダーです。いつ詰めるか、で味が全然違うんです。それは、私がシチリアの家庭で食べたマンマのトマトソースの味。あの美味しさを経験したからこそ、わかるんですよね。

31

ほどいてみて「おおっ」っていうことの連続なんです

retouches（ルトゥーシュ）
洋服のお直しと針しごと（世田谷区豪徳寺）

右
早水佳名子（はやみずかなこ）さん
昭和55年（1980）生まれ／神奈川県相模原市出身

左
早水博之さん
昭和60年（1985）生まれ／岡山県倉敷市出身

佳名子　大学で服飾を勉強して、いざ就職を考えた時に、パタンナーやデザイナーになるのか、縫製業務か、職種を選ぶことができなかったんです。洋服を作ることの全部が好きで。ひとまず服の販売員をやってみたら、接客は全然向いてなくて。すらすら言葉が出てこないから、全然売れない。ただ、そのお店には出入りの〝お直し屋さん〟がいたんですね。服のデザインを変えるのはNGですけど、寸法が合わない時の丈つめなどをやるお直しの仕事を、そこで知りました。考えてみたら私自身も、母に「服の丈をつめて」とか頼まれると、身内ってこともあって気兼ねなくお直しをしていたんですよね。そうか、こういう仕事だったら楽しくやれそうだって思って、お直し屋を始めたのが、25歳です。最初は飲食店で

31

バイトをしながら、知り合いの服を預かるところから始めました。実際にやってみると、あれ？　学校で習ったのと違うって思いましたよ。授業ではオーダーメイドの丁寧な作り方を習いましたけど、多くの服は工場生産で簡易的な作りです。ほどきながら、なるほど、こうやって作られているのか、って発見する感じでしたね。ある時、紳士服を頼まれたんです。昔流行った肩幅がぼこっとしているスーツで、「肩をすっきりさせたい」と。ほどいてみたら、紳士服って布がいっぱい挟まっていて、婦人服と全く違うんです。どうしようって思って、母校の大学の図書館に行って、紳士服の資料を片っ端からコピーしました。その時は、何とか直したんですけどね、これは勉強しないといけないなあと思って、夜間学校に通ってテーラーの職人さんからスーツの作り方を教えてもらいました。3・11の震災の年、それまで掛け持ちをしていた飲食店のバイトを辞めて、お直しだけでやっていくことにしたんです。

博之　震災の年、僕は3年勤めた恵比寿の洋服屋を辞めて旅に出ました。ヨーロッパを回って、帰国してからはアクセサリーや革小物を作るようになりました。もともと、革ひもや糸を編んでブレスレットを作ったりするのが好きで、旅の間も蚤(のみ)の市でいろんなパーツを買い集めたりしてましたね。旅の後、声をかけてもらった企業に勤めることになりました。店舗兼工房で、オーダーメイドのデニム服を縫う仕事です。僕は、岡山県の児島の出身なんです。デニ

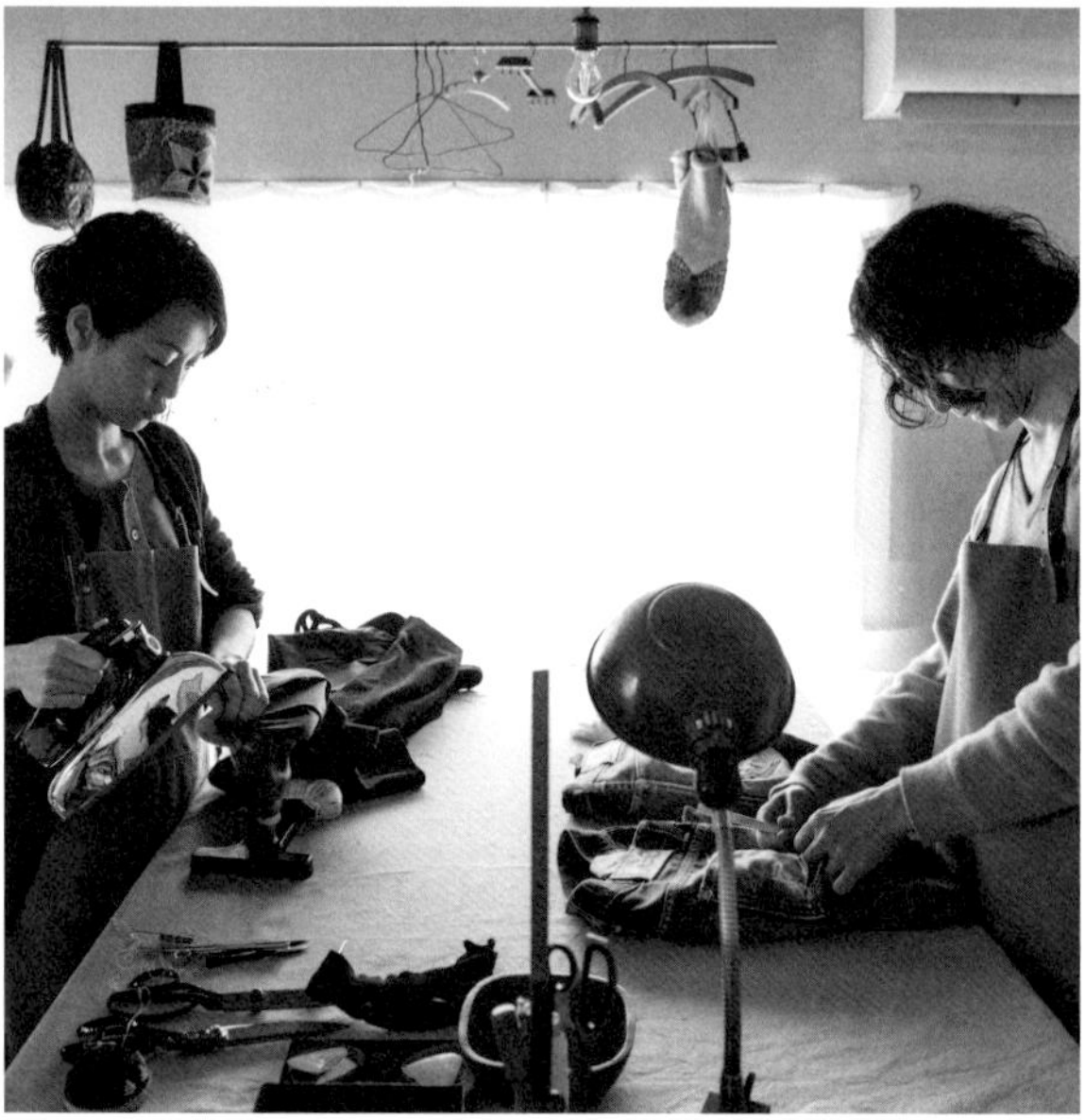

ム産業の町で、母は縫い子でした。僕が小さい頃、家で工業用ミシンを踏んでいる音をいつも聞いてました。幼稚園くらいの時、僕がそのミシンをばっと踏んで、針が指にささったことがあるんですよ。工業用ミシンって、むちゃくちゃ速いんですよね。すごく怖かったから、その後しばらくはミシンに近づかなかったんじゃないかな。ただ、僕も服が好きだったので服飾の専門学校を出たんです。上京して最初に勤めた恵比寿の店は、地元・児島のファクトリーブランドの店だったので、仕事は販売員でも、ジーンズの裾上げとか膝の破れのリペアなんかもやらせてもらっていたんです。だから、ミシンにはずっと馴染(なじ)みがあるんですよね。

佳名子　ある時、今もお直しの仕事をいただいている古着屋さんで、パーティーがあったんですね。店の人に、「こいつも、縫えるんだよ」って紹介されたのが、彼だったんです。デニムのリペアのことを教えてもらったり、彼からジャケットのお直しを頼まれたりして仲良くなりました。

博之　結婚して4年になります。彼女のお直しの仕事が増えたのと、この物件を見つけたこともあって、勤めを辞めて1年半前から一緒に仕事をしています。それぞれの得意分野をやる感じですね。僕はミシン仕事やデニムのリペア、革小物作りとか。

佳名子　私は、ちくちく手縫いが好き。洋服のつくりは様々なので、ほどいてみて「おおっ」っていうことの連続なんです。楽しいですよ。例えば、毛皮のコートの袖を外してベストにして、エルメスのスカーフを裏地にしたい、っていう依頼をいただいたことがあるんです。毛皮をひっくり返したら、ちっちゃい動物が何匹もいることがわかりました。毛皮は学校でも勉強したんですけど、毛皮のコートに鋏(はさみ)を入れるのは初めてで、緊張しましたね。夫婦で一緒にやっていると、どんな時でも相談できるのがいいですね。

博之　遠慮がないもんね。

佳名子　この仕事は、いくら自分が満足しても、お客さんがどう思うかってところなんですよね。

博之　例えば、ジーパンの破れを直したら、『愛着がわいてよけいに穿(は)くようになりました』って言ってもらえて、また1年後にお直しを依頼してくれたりすると、すごく嬉(うれ)しいですね。

いつだって食べ物があるから食事の心配はいらないね

とんとん亭

食事処（千代田区神田佐久間町）

右
横島弘子さん
昭和21年（1946）生まれ／福島県石川郡古殿町出身

左
横島和男さん
昭和20年（1945）生まれ／東京都豊島区 椎名町出身

和男 店を始めて50年です。33年前、ここに自宅を兼ねたビルを建てたんだけど、最初はテナントとして入ったんですよ。

弘子 当時は2階家でね、1階にうちとラーメン屋、2階に大家さんの部屋と事務所が2つあった。

和男 私は大学を出た後、牛肉専門のディーラーに就職したんです。だけど、2年半たった頃に「サラリーマン辞めて、店をやらないか」って声がかかったの。居抜きで譲るよって人がいて。店の権利も食器も、おまけに人まで揃ってるって。料理長とサブの女の子が、そのまま店をやってくれるって言うんです。そこに何もわからない私が入ったから、最初は大変だったけどね。とんかつの揚げ方から何から、教えてもらいましたよ。

営業中
キリン一番搾り
大衆居酒屋
TEL 03 3866 9360
とんとん亭

32

弘子　忙しくってね。あの頃はまだ、私たち結婚してなかったの。それどころか、私は床屋だったんですよ。福島から17歳で出てきて、この人の親の経営する床屋に住み込みで働いていたんです。床屋の免状もとったのよ。そしたら、この人が店を始めたもんだから、床屋が休みの日に手伝いに来るようになって、そのうちいい仲になって。

和男　テナントとして入った私は、当時3代目だったんですよ。最初の経営者はここで日本料理屋をやってたらしくてね、腕の立つ料理人だったけど、どうも女に狂っちゃったらしいね。次の人は、大学院まで出た頭のいい人だけど、家族の協力が得られなかったらしい。その時の店名が「とんとん」でね、揚げ物を中心に出していたの。私はそれに「亭」をつけて『とんとん亭』にしたんですよ。3代目の私はっていうと、腕も頭もほどほどだけど、根性だけは皆の数倍ね。それと、働き者の良い女房に当たったってことだよね。うちの場合、家族が協力できたから良かったね。

弘子　この人の母親が、そりゃもう強かったから。

和男　愛のムチだったんだろうけどね、この人にとってはきつかったんだろうね。お袋は先頭に立って、ガシッとしめてた。目配り役だね。

弘子　監視役ね。この人は母親のことが大好きで、母親も末っ子のこの人が可愛(かわい)くって仕方なくて、同居したの。この人は4人兄妹だけど、兄貴(あにき)もお姉さんも皆が床屋なんですよ。

和男　私は床屋をやろうとは思わなかったんです。それより、食だと思ったの。食、色、ギャンブルは、いつの時代も流行っているからね。店を始めた当初は、出前をやってたんです。自転車におかもち掛けて、８００メートル圏内を配達しましたよ。真夏の暑い日、冬の寒い日、雨の日、配達は大変だったよ。中には10階建てのビルに10食くらい持っていったら、エレベーターの保守点検中だったりしてね、おかもち持っての階段はきつかったね。うちは、出前も味噌汁付きだったから人気があったの。でも食器の回収もあったからね。それをやってると、昼の休憩時間なしで、夜の営業が始まっちゃう。

弘子　私も、回収した皿を洗っているうちに休憩できなくて、夜までぶっ通しだったもの。今みたいに、食洗機なんてなかったしね。人の倍は働いたから、ビルが建ったってことだよね。

和男　15年くらい前に出前をやめてからは、弁当を店先で売ることにしたんです。店の厨房は後を継いだ長男に任せて、私は弁当の販売担当。受け渡しの時、お客さんと会話するのが好きなんですよ。うちの売りは、フライだね。ボリュームがあって値段が手頃。ご飯だってコシヒカリにこだわってるの。

弘子　私は朝3時半に起きてすぐ厨房に入って、一人でごそごそと弁当に入れる総菜を作ります。誰か人がいると煩わしいもんだから、朝早くがいいんだ。7時半頃部屋に戻ると、この人が交代で下りてくる。

和男　朝と昼のご飯は、お互いに別々ですよ。飲食店やってると、いつだって食べ物があるから、食事の心配はいらないね。夕食だけは、二人とも一杯やりたいから夜11時過ぎに一緒にとりますよ。

弘子　で、朝3時半起き。私寝なくても全然平気。それで３６５日、一緒よね。

和男　だからね、私は自由が欲しいって言うんだけど、ひもをつけられちゃってるの。

弘子　だって、糸の切れた凧(たこ)みたいにどっか行っちゃうからね、気をつけてないとダメなの。

和男　私旅行が好きでね、夜のネオンも好きだけど、景色を見るのも好きなんです。今は休みをとったら、国内のあちこちにこの人を連れ出してるんですよ。

弘子　うん、仲はいいのよ。だってこの人、何でもごめんってすぐに謝るから、喧嘩(けんか)なんてしたことないよ。

婦羅
東大泉
電話(3922)〇五三八

でんわ (3922) 0

essay 4

最後の日

「夕飯どうしようか」「何もないね。じゃあ、ちょっと『しおや』に行ってくるよ」。我が家でお馴染（なじ）みのやりとり、〝困った時はちょっと『しおや』へ〟である。10年前、今の場所に越してきた。駅前のスーパーまで行くのは距離があって面倒。そんな時に、歩いて行ける商店が『しおや』だ。見つけた時には興奮した。小さい店なのに何でも揃っている。ありがたかったのが総菜類で、芋がらの煮物や金時豆、メンチカツなど、どう見ても扉向こうの厨房で奥さんが手作りしているらしかった。

引っ越しのバタバタと、娘の転校、仕事、と目が回るほど忙しくなった私は、日が暮れてから慌てて『しおや』へ走って行き、総菜などを買った。その頃の我が家の食卓は、『しおや』と、並びにあるとり肉屋のおかげで回っていた。娘がまだ小学生だった頃、母の日のプレゼントに、とカーネションの鉢植えを買ってくれた店も、『しおや』だった。娘がレジで支払いをしようとして手持ちのお小遣いでは足りないことに気づき、もじもじしていたら、「いいわよ」とおまけしてくれたらしい。

この取材を始めた時から、『しおや』のご夫婦に登場してもらいたいと思っていた。まつさんは「まあ」と目を丸くして「こんなに年取っててもいいの?」と照れくさそうに笑った。でも一方で、最近忙しくて急に血圧が上がって不安なこと、店をいつまで続けられるかという話を夫婦でしていることを教えてくれた。そして「雑誌に出してもらっても、そのすぐ後に店を閉めるなんてことになったらお客さんに申し訳ないから」と言って、ごめんね、と頭を下げるのだった。

とても残念だったけれど、その実直さに心を打たれた。店をやっている人は、閉める日のことも当然頭に入れておかなくちゃいけない。辞めどきは、自分で決めるのだ。「体が動かなくなって、何もできなくなった時に店を閉めるのは嫌なんだ」。その時の仁さんの言葉が、胸に刺さった。

最後の日

それからは、シャッターが開いているかどうか、『しおや』の前を通る時はいつも気になった。1年で一番忙しいと言っていた年末に、無事栗きんとんや数の子を買えた時にはほっとしたし、春の彼岸にまつさん手製のぼたもちが並んだ時も嬉しかった。そうやって季節は廻り、しおやは大丈夫と思えるのも嬉しかった。連載の最後は塩谷さん夫婦、と勝手に決めていて、再度取材を申し込むと、「あの時は急に体調が心配になって断っちゃったんだけど、申し訳なくてずっと気になってたの」と、今度は迷いのない笑顔でOKしてくれたのだった。

一方で、閉めてしまった店もある。うなぎ屋の『ふな与』も近所の大好きな店だった。高級なので時々しか食べられないうなぎだけれど、3月の確定申告の日にはいつも『ふな与』だった。書類を税務署に提出した日はへとへとで、何もしたくない。じゃあうなぎを食べますか、となったのが始まりで、いつからか、うなぎ食べたさに帳簿の数字と格闘するようになった。電話で注文して、うな重の「折」を持ち帰る。うなぎが絶品なのはもちろんだけれど、ぴしっと包装した折の佇まいが粋で「江戸っ子だよ」という竹島さんの声がいつも聞こえてきそうなのだった。その『ふな与』が店を閉めると聞いて、居ても立ってもいられなくなった。

最終日の昼、すでに店内は満席で外に並んで待った。ちょうど私たち家族のところまでで、「昼の部は終わり」の札。ぎりぎり入店がかなう。炭火でうなぎを焼く竹島さんの背中がどこか寂しげに見えてしまったのは、私たち自身の寂しさのせいでもある。常連さんが、「お袋がよく通ってたからね」と、母親の写真を持ってきていた。胡蝶蘭の鉢植えを持ってきた人、帰りがけに「中学の同級生の○○よ」と3代目に話しかけて懐かしがる人もいた。どの人も、「美味しかったよ」と厨房の竹島さんに声をかける。そして、「辞めちゃうなんて残念だよ」と、言わずにいられないのだった。

店を閉める日がいつかやってくるとしたら、自分の意志で、最後まで見届けて終えられるのは幸せなことかもしれない。どれほど店が愛されていたか、最後の日の客を見ていれば、わかった。その場に居合わせることができた私たちは、とても幸運だった。

33

何のために働くかって、遊ぶためだよ

ふな与

うなぎ屋（練馬区東大泉）

右 竹島万里子（まりこ）さん
昭和10年（1935）生まれ／旧満州国 ハルビン出身

左 竹島善一（よしかず）さん
昭和10年（1935）生まれ／東京都板橋区出身

万里子　嫁入り道具はいらないから、車の免許だけとってくるように義父（ちち）に言われたんです。昭和32年の頃、教習所に通う女性は2人くらいでしたね。

善一　うちはルノーで出前するうなぎ屋だったの。当時、大泉で車持ってる人はほとんどいなかったんです。会社の接待でうちを使うでしょ、「大事なお客さんだから、家まで送ってやって」って頼まれましたよ。出前担当の弟が、「明日午前11時ごろ、器を下げに来てくんないかな」って言われて行くと、「悪いけど、駅まで乗せて」って、そういう時代。親父には、先見の明があったよ。

万里子　夜、仕事の後で弟や妹も連れて、車で池袋まで映画を見に行ったわよね。

善一　3本立ての最後の1本には間に合うだろうっ

33

て、車飛ばしたね。信号なんてほとんどなかったから、池袋まで20分。

万里子　ルノーに子どもを寝かせて、仕事してましたから。でも仕入れに使うから生臭いの。

善一　当時は南千住の問屋まで、毎朝ウナギの仕入れに行ってたね。そっから一日が始まったの。うなぎは、客の注文を聞いてから、捌(さば)いてたんです。金があるだけじゃあ、うなぎ屋の客にはなれないの。時間にも余裕がなきゃあ。上のうな重はさ、大串にしますか、中串にしますかって聞いたの。同じ目方でもね、太いのにするか、細いのにするか。「いつものですね」って言うのは、太さのお好みね。うなぎを持つ手で、目方がわかるようになるんだよ。そういうのは、倅(せがれ)にだって教えようがない。経験だよ。

万里子　あの頃は、1人分ずつ小さい釜でご飯を炊いてたんですよ。ちょうど炊き上がった頃に、うなぎが出来上がってるの。

善一　うなぎは、べらぼうに高かったよ。もりそば20円の時代、うな丼200円だったから。そのかわり、いくつも売れなくとも食っていけたんです。飛ぶように売れるはずなんかない。でも、それで良しとするのが生業ってもんだよ。残った時間は、好きなことをする。この仕事を片付ければ遊べるって思ったら、さっさと片付ける。これだよ、江戸っ子の商人(あきんど)は。1分でも早く、仕事からフリーになる。それが甲斐性(かいしょう)だ。何のために働くかって、遊ぶためだよ。それは僕、親父から受け継いでる。

万里子　今は息子たちに店を任せてますでしょ。遅くまで仕事してるの。明日やれば？　って思うけど、そうはいかないって。

善一　僕らはさ、宴会が入って夜遅くなったら、片付けは明日の朝やろうって言ってたよ。忙しくって夕飯作る時間がなければさ、寿司でも何でもとろうって考え。

万里子　おそば屋さんには随分お世話になりました。

善一　東京の商人ってのは、そういうふうにしてお互いにお金を使いっこするわけよ。

万里子　22歳で結婚した時には私も夢中でしたけど、弟や妹たちもいて楽しかったの。夕食も一緒に食べられない忙しいサラリーマンの家には嫁に行きたくないって思ってたから、家族で一緒に過ごせるってことが何よりだったんです。ただ、この人は休みの日になると家にいなかったんですけどね。

善一　模型作り、推理小説ってきて、この数十年は写真です。倅たちが学生だった頃は、撮影のために福島の会津若松にほぼ毎週通ってましたから。

万里子　ゴルフ未亡人って言葉があったけど、私は写真未亡人。でもね、本人が楽しければ、それでいいんですよ。

善一　毎週日曜日、仕事が終わって夜10時半に家を出てね、上野発11時48分の最終夜行列車に乗ると、朝5時に会津若松に着いたの。そしたら、駅に停めておいたバイクに乗って撮影ですよ。帰りは会津若松発午後5時26分。もし乗り遅れたら帰りも夜行列車。火曜日は、きっちり店を開ける。それが仕事ってもんだ。帰ってきたら次の週までに写真を仕上げるの。てきぱきうなぎ焼かなかったら、プリント作業できないでしょ。だから仕事は手早く、なのよ。

万里子　義父の教訓があるの。趣味は飯の種にしちゃあいけないって。

善一　仕事は仕事、一生懸命やって趣味につぎ込め、と。俺、それは守ってる。店に写真飾ってないでしょ。普通のうなぎ屋ですよ。そこを混同しちゃダメなの。僕は6人兄弟の長男で、生まれた時から家業をしょってたから、迷いも不安もなかった。だから選択肢ばっかりの今の人より幸せよ。「世の中が学校だ」って親父が言ったけど、そう思うね。本を読もうと写真を撮ろうと、飯のためじゃなくて自分の喜びのためだ。こんな贅沢な学びってないよ。

34

ラーメン屋さんに「今野君は結婚しないの？」

今野書店

本屋（杉並区西荻北）

右 今野聖奈子さん
昭和39年（1964）生まれ／東京都練馬区 中村橋出身

左 今野英治さん
昭和36年（1961）生まれ／東京都台東区 東上野出身

英治 私の父は山形県鶴岡市の出身なんです。起業家だった祖父が、新しい事業の拠点として上野に広い土地を買ってね、次男だったうちの父親を住まわせたんです。本好きの父は、僕が小学2年の頃に自宅の一角で本屋を始めました。でもね、そこって住宅街でも商店街でもなくて、工場や企業が周りにあるような場所でした。本が届くと、バイクに積んでぴゅーっといなくなっちゃう。外商先の八重洲の会社に届けに行ってたんです。

聖奈子 昔は、本屋が企業に出入りできたのよね。

英治 『文藝春秋』とかの雑誌を、定期購読している人の机に置いていくんですね。「次はこの本お願い」って新聞の切り抜きを渡されると、場合によっては取次会社のトーハンに直接行って、本をピック

おつまみ
野菜のレシピ
肉・魚料理
おべんとう

34

アップして届けるとかね。僕が6年生まではそういう生活でしたけど、祖父が事業で失敗してしまったんです。「山形ハワイドリームランド」っていう大規模な遊園地を造ったもののうまくいかなくなって、上野の土地もすべて売る、と。それで引っ越してきたのが、西荻です。ここから3〜4分の所で、新たに書店を始めました。

聖奈子　うちは、祖父が戦後日本橋で中華ラーメン屋をやっていて随分と儲かったようなんですけど、株で失敗。父が小学生の時に西荻に移ったそうです。店は父の兄が継いだんですけど、次男だった父も店をやるように言われて、練馬区で中華料理店を開きました。母の実家は製麺所です。周りがみな商人っていう環境でしょう。お嫁に行くなら商人は嫌だなって、実は思っていたんですよ。

英治　近所のいつも通っていたラーメン屋さんで、「今野君は結婚しないの?」って言われて。

聖奈子　伯父です。いい人がいるって紹介されました。私は最初、店に出るつもりはなかったんですけど「ご両親が出てるんだから、あなたも出なきゃ」って母に言われて。母は商人の子ですから。慣れるまで、笑顔がうまく出てこなくて苦労しましたね。

英治　僕は子どもの頃から「後を継げ」って唱えるように言われていて、他に選択肢はなかったんですよ。大学を出た後、『紀伊國屋書店』で2年働いて、その後「須原屋書店学校」で2年。全寮制で書店経営を教えてもらいました。書店って商品を仕入れる、

流行りものを摑むことが大事なんですね。でも欲しいものを仕入れるのは難しくて、30冊欲しいと思っても実際は3冊しか入らなかったりするんです。

聖奈子　昔はよく、直接出版社に行って仕入れたりしてたよね。

英治　書店主が直接大手の出版社に行くと「3冊までね」とか制限はあったんですけど、本を手に入れることができたんです。ベストセラーは店に置くとすぐ売れますから、週に3、4回は出版社に行ってました。父が、お客様の注文に対して命を燃やしてる人でね、注文をもらったものはすぐに届けなきゃって。真面目な人だったんで。僕はそれを真似しただけなんです。ただ父の場合は、どうしても手に入らない時は、他の書店で買ってましたね。

聖奈子　8年前に駅に近い今の場所に移りました。同じ通りなんですけど、前は一番街商店街で、ここは伏見通り商店街なんです。しかも守り神様が違うんですよ。ここで始める時、井草八幡様を神棚に祀ろうとしたら、「今野さん、ここは荻窪八幡様だよ」って教えてもらって。

英治　駅に近くなって、売り場面積も増えました。うちは、それぞれの棚はスタッフが担当しています。「棚が魅力的だ」ってお客様に言ってもらえるのは、スタッフのおかげなんですよ。

聖奈子　20人ほどのスタッフに気持ちよく笑顔で働いてもらえるようにするのが、私の役割だと思ってます。いつも悩んだり試行錯誤しながらなので、最近は自己啓発の本を読むことが多いかな。

英治　僕はミステリーが好きなんですけど、読みだすと止まらなくなっちゃいますね。読みたくなるのはやっぱり売れている本なんですけど、それを買って品切れになるかもしれないと思うと、買えないんですよね。店の本は買って読みます。というのもね、子どもの頃は買ったことがなくて、その結果ありがたみがわからなくて最後まで読まないんですよ。あれは、ダメですね。

聖奈子　私たち、本についての話題っていうと、「これ売れてるのに何で置いてないの?」って話になっちゃいますね。

英治　僕らホントの本読みじゃないんだよ。でも、そこは頑張ってくれるスタッフに任せて、経営側をしっかりやらないとね。

35

私も結婚して珍しい商売だなあって

長府屋

お多福豆製造・販売（豊島区千早）

右
水林眞弓（みずばやしまゆみ）さん
昭和28年（1953）生まれ／静岡県富士宮市出身

左
水林広一（こういち）さん
昭和26年（1951）生まれ／熊本県熊本市出身

広一　皆に驚かれるんですよ。「よくお多福豆一本でやっていけますね」って。おじいさんに感謝です。おじいさんが始めたことを親父が継いで、僕は基本的に何も変えてないから。入れるのも砂糖だけ。昔からのやり方で、べっ甲色に炊き上げるの。砂糖の量もおじいさんの頃と同じです。だって、お多福豆は甘くないと美味（おい）しくないもの。

眞弓　原料のソラマメには、こだわっているんです。「そらまめくん」シリーズの絵本がありますけど、ソラマメってふかふかのベッドの中に豆はちょっとしか入ってないでしょ。その中でも、うちは真ん中の大きな粒しか商品に使わないんです。

広一　昔、おじいさんの頃は、大阪の河内産の豆を使っていたみたい。ソラマメって、皆さん夏場に茹

でてビールのおつまみに食べてるけど、今は乾燥させた国産豆は出回ってないんですね。だから、ボリビア産を使っているんです。ポルトガルの豆を使ったこともあるんだけど、形が細長くてお多福っぽくないの。ボリビアに落ち着いて20年以上になるかな。富士山より高い標高4000メートルの所で作る豆だから、農薬の必要もないらしくて、乾燥にも適しているんです。

眞弓　私も結婚して、珍しい商売だなあって思いました。

広一　僕の親戚は皆、熊本県にいるんです。親父の実家は削り節屋なんだけど、次男だったから家を出たんです。お袋の実家は漬物問屋でね、おじいさんは奈良漬を漬ける名人だったけど、「お多福豆を作りたい」って豆も始めたんです。結局、漬物よりもお多福豆の方が珍しかったから、そっちが商売のメインになったんでしょう。このおじいさん〝肥後もっこす〟でね、かっこよかったんだけど怖かったな。お多福豆の煮方は難しいんです。皮が固くて中身がぐずぐずになったりするんだけど、おじいさんが研究して、道具も自分で考えたの。これを、今も受け継いでるってわけ。当時、本家には母の男兄弟がいたから、親父はお多福豆の煮方を教えてもらったけど、外へ出るしかなかったわけですよ。それで、東京に出てきました。昭和32年ごろ、僕はまだ小学校に上がる前でね、母や妹と汽車を見送ったことを今でもはっきり覚えているの。まるでドラマ。親父は

あの時、おじいさんが考案した鍋と釜、兄貴から借りたっていう30万円を持って、右も左もわからない東京に出てきたんだから、すごいなあって思います。それでね、お多福豆の売り先として思いついたのが、築地の「珍味屋」さんだったんですよ。

眞弓　珍味っていうのは、全国の珍しい高級食材のことです。ホテルや料亭で飾りみたいに使う食材があるでしょ。そういうのを扱う問屋さんが、築地には今もあるんです。

広一　親父は、お多福豆を作っては毎朝築地に持って行くうちに、商売が安定して僕らを熊本から呼び寄せたんです。僕は高校生の頃から、配達をやったり「鍋見とけ」って言われて手伝っていたから、自然と仕事を覚えましたね。「後を継ぎます」なんて口にしたこともなかった。気づいたら、やってた。親父が体を悪くして、朝、築地に行くのをバトンタッチされたからね。

眞弓　私は、デパートに入社して新人研修であちこちに回されていた時に、催事場で彼と会ったんです。当時お義父さんもいたし、お多福豆の商売は夏の間は暇で、彼はアルバイトに来ていたんですよ。お中元の包装の仕方を彼から教わりました。

広一　でね、「売約済み」を（彼女に）ぺたっと貼ったの。

眞弓　結婚してからは、私は主に豆を詰める作業をしています。商売って、やってみたら面白かったの。豆30粒を2段に詰める時ね、手に持った瞬間に硬さも豆の大きさもわかるんです。こわれた豆はよけておいて、多少大きさの違いがあるから、うまく組み合わせてね、きれいに詰められると気持ちいいわよ。

広一　僕は、朝3時半起きで築地に行くのを、かれこれ40年続けていますよ。親父の時代からお世話になっているお店もあります。大事なのは、毎日顔を出すこと。「持ってきて」って言われたら、すぐ行きますよ。

眞弓　築地の朝は早いですからね。電話を枕元に置いてるんですけどね、「○○商店ですけど、○個お願い」って、朝の4時半に注文の電話が来ることもあります。もう慣れましたよ。注文を、築地にいる主人に伝えるのも私の役目です。今は娘が後を継いでくれて、一緒にやっているから心強いですよ。

36

家族でどこへ行ってもすいてるんです

十一丁目茶屋

高尾山の茶屋（八王子市高尾町）

右　高城健守（たかぎたけもり）さん
昭和45年（1970）生まれ／東京都八王子市出身

左　高城しのぶさん
昭和46年（1971）生まれ／埼玉県蕨市出身

健守　小さい頃からこの場所が大好きで、遊びに来ては、ちょろちょろ店の中を駆け回ってました。ここは祖父母の家でもあって、泊まりに来ると3代目のおじいさんに随分と可愛（かわい）がってもらったんです。この茶屋はもともと、薬王院に勤めていた初代がお寺の土地を借りて明治32年に始めたそうです。お寺で役職をいただいていたそうで、退職後に商売を始めることができたみたいです。とはいっても、当時高尾山といえば講中参拝、つまり信仰の山だったので、接待所みたいな場所だったんだと思います。その後、水道や電気が整備されて、今の茶屋になりました。ここは山の番地でいうと11丁目に当たるので、屋号は『十一丁目茶屋』。番地は薬王院が起点で、下に下りていくと数字が大きくなって、麓は36丁目

焼だんご 5本 750
甘だんご 5本 750
焼だんご 2本 甘だんご 3本 750
コーヒーセット 750
ホット珈琲 450
甘酒セット 700
甘酒

36

になるんですよ。

しのぶ　私は、すごいところに嫁いで来ちゃいました。花粉症なもんだから、春になるとえらいこっちゃ、ですよ。テーブルを拭くと杉花粉で布巾(ふきん)が真っ黄色になりますからね。自然が豊かすぎて、今では季節を問わず何かに反応しちゃってます。

健守　私たちが暮らしているのは、山を下りた八王子市内です。長男だった私の父は、祖父の後を継がずに会社勤めをしたので、三男の叔父が店を継ぎました。ちなみに次男は、頂上にある『曙亭』をやっています。三男の叔父夫婦に子どもがいなかったこともあって、私がここを継ぎました。子どもの頃から、期待されているのは感じていたんですよ。先祖が代々続けてきた店を閉めるなんて、寂しいじゃないですか。中学生になると手伝いに来ていたし、何より山の雰囲気が好きだったんですよね。

しのぶ　私は埼玉の浦和で育ったんですけど、高尾山に登ったことは一度もなかったんです。OLをやっていた22歳の時に、友達の結婚式の2次会でこの人と会いました。何だか話が合っちゃって、付き合うようになったんです。ただ、あの頃高尾山っていったら、心霊スポットっていうイメージでした。

健守　ええ？　そうなの？

しのぶ　結婚した頃、何でこの人は天気予報ばっかり見てるんだろうって思いましたね。

健守　休みは、天気次第なんですよ。雨の日はお客さんが少ないので、そういう日に店を閉めているんです。だからね、いきなり予定が決まるんですよ。

しのぶ　悪天候だから、家族でどこへ行ってもすいてるんです。台風の時に、ディズニーランドに行ったよね。

健守　息子と娘が小学生の頃、学校から帰って来るのを待って「じゃあ行くぞ」って、連れて行きましたね。夜6時から10時までのチケットでフルに遊んでね、帰る時には車の中でパジャマに着替えさせて、家についたらそのまま布団に運ぶんです。子どもたちは、朝目が覚めたら家ですよ。そんなふうにして、子どもたちとの時間をつくりましたね。運動会は行けなかったなあ。雨だったら行けたんだけど。

しのぶ　私は、子どもたちの手が離れてから、一緒に働くようになりました。初めてここでそばを食べた時、結構衝撃だったんですよ。なんて太い麺なんだ、って思って。でも食べ始めたら中毒になってきて、今は毎日でも飽きないなあ、と。ただね、うちの名物は「とろろそば」ですけど、そばととろろの組み合わせが私の体には合わないのか、痒くなってダメなんです。とろろめしなら、大丈夫なのに。

健守　昔はこの山近辺で大和芋が採れたので、それを使ってとろろそばを出していたんですね。今は千葉県の多古町のものを仕入れています。とろろに絡みやすいように、そばは太めなんですよ。実はね、このそばを食べに、45年間も通ってくれている親子がいるんですよ。

しのぶ　月に1、2回。いつも日曜日にいらっしゃるんです。麓から1号路をゆっくりと歩いてくるんだと思います。

健守　長年通ってくださっているのは知っていたんですけどね、最近うちの従業員が話をして、49歳の息子さんが4歳の頃からずっと通ってくださっていることがわかったんです。息子さん、僕と同い年なんですよね。ハンディキャップがあって喋ることができないんですけどね、いつも外の席にお父さんと並んで座って、そばを召し上がるんです。私はいつも厨房の中にいて、なかなかお客様と話す機会はないんですけどね、そういうお客様がいらっしゃると思うと、嬉しくて励みになります。高尾山は、ミシュランの3つ星をとってから、外国のお客様が増えました。今年はオリンピックがあるから、ますます賑やかになるかなと思うと楽しみですよ。

37

店先でキュウリをかじってお客さんを誘ったよ

小原青果店

青果店（板橋区志村）

右 小原 進さん
昭和19年（1944）生まれ／東京都板橋区 清水町出身

左 小原コレイさん
昭和21年（1946）生まれ／岩手県下閉伊郡山田町出身

進　いまだにお客さんから「お兄ちゃん」って呼ばれるの。高校を出てすぐ親父の後を継いだんだけど、その当時からのお客さんが、90歳過ぎても来てくれるんだ。店は、戦後の闇市からの始まりなんだよね。親父の家は西台で農家をしてて、最初は兄弟で八百屋をやってたんだけど、その後親父がここを任されたんです。バラックみたいな建物で、いろんな店が集まってた。

コレイ　横は空き地で、空も見えたもんね。昭和49年に、今のビルに建て替えたんです。

進　ビルの1階部分が「第一ストア」。志村の中でも最初のマーケットってことですよ。下駄屋、お寿司屋、魚屋、天ぷら屋、いろいろな店舗が入ってて、とにかく賑（にぎ）わっていたんです。今じゃ考えられない

天ぷら
しみず
毎週土曜日は
Good egg
タンタンなす
100円

37

けど、人が通れないくらいだった。

コレイ　忙しくて、昼ご飯が午後6時になることもあったの。

進　昔の人間だからさ、嫁さんは最後って思って、遠慮してたんだろうね。お客さんの紹介で見合い結婚したんだけど、なんてったって家族が多かったから彼女は大変だったと思うよ。親父とお袋、俺の兄弟が3人もいて、そのうち子どもが3人できたから10人家族だ。

コレイ　ご飯の支度と掃除、洗濯、全部やりましたよ。子どもが小さいうちは、おぶって店に出てました。でもね、隣のお店に預けたり、お客さんがみてくれたり。

進　野菜の置いてある棚の、ほら、今ちょうど舞茸(まいたけ)とえのきが置いてある辺り。あそこに、赤ん坊の頃はよく寝かせておいたのよ。皆があやしてくれたからね。気づくと、お客さんがくれたぬいぐるみを抱っこしてたりしてね。その長男が店を継いでくれて、今は一緒にやってますよ。お母さんも俺も真面目にやってきたから、それを見ててくれたんじゃないかな。俺自身はさ、5歳くらいの時に、「大きくなったら何になる?」って聞かれて、「トラックに野菜をいっぱい積んで売るんだ」って答えたらしいよ。覚えてないけど。本当は、就職も進学もできたんだけど、親父の細い体を見ちゃったら、俺が八百屋をやらなきゃなって思ったんだ。俺、高校3年間野球部だったの。部活の練習が終わって店に来ると、夜8

時ごろでね、いつも2軒分の配達が残してあったの。自転車でその2軒の配達をして帰ると、親から毎回100円もらえたんだ。使い道はいつも決まってた。昼弁当だけじゃ足りないから、50円でパンと牛乳を買って、残りの50円は部活の後に駅前の食堂で、ラーメンかカレーを食べたの。ラーメンもカレーもちょうど50円だった。今思うと、親父はうまく考えたよね。特に何も言われず、好きなことさせてもらったから、八百屋を継ぐしかないよ。

コレイ　私は、高校を出て集団就職で岩手から出てきたんです。油屋さんの事務の仕事。

進　彼女は海の近くの出だから、魚の目利き。結婚してから、俺は魚を食べるようになりましたよ。野菜だって、何でも食べられるのはお母さんのおかげ。

コレイ　料理は好きなんです。お客さんに教えてもらうこともあるの。「キャベツ、お宅ではどうやって食べてる?」って聞いたりしてね、教えてもらったらそれを作ってみる。今はコロナで試食はなしにしてるけど、カボチャを煮てレジの横に置いたりして、味見してもらうの。「おばさん、これを売ってよ」なんて言われてね。

進　俺の好物は、キュウリかな。よく店先でキュウリをかじって、その香りでお客さんを誘ったよ。昔のキュウリって、香りがあったから。みかんもそう。香りがいいから好きなんだ。俺がやり始めた頃なんて、野菜って言ったらキャベツ、白菜、ホウレンソウ、小松菜、大根、ナス、キュウリだったから。今みたいに種類はないよ。

コレイ　アイコ（ミニトマト）もシャインマスカットもないよね。

進　レタスだって珍しかったんだから。あの頃のレタスは、千葉の白浜辺りで少しだけ作ってたんだよね。最初に売ったのは、近所のスーパー三徳さんでね、お客さんが「お兄ちゃん、三徳でレタスっていうの売ってるけど、あれは簡単に食べられていいよ、売れるよ」って教えてくれたの。それで、さっそくうちでも売り始めたんだ。当時のレタスは、木の箱に入ってたなあ。

コレイ　今は昔ほど忙しくないから、お客さんと喋（しゃべ）る時間が持てて楽しいんですよ。

進　そうなんだ。今は個人の八百屋は厳しい状況だけど、お客さんとの会話がいいんだよね。

だから朝3時に起きてでも毎日行くのよ

おさしみ処 まるよし

魚屋(武蔵野市中町)

右 吉田礼子さん
昭和26年(1951)生まれ/福島県 旧安積郡熱海町出身

左 吉田靖次(やすじ)さん
昭和19年(1944)生まれ/東京都武蔵野市 吉祥寺出身

靖次 朝は必ず、味噌汁を飲むんです。もう、それだけはないとダメ。親父の時からのうちの習慣。でもさ、親父の場合は味噌汁と一緒に、湯飲み一杯の酒もひっかけてたな。乗り合いトラックで仕入れに行ってたから、それができたんだよね。

礼子 朝起きたら、私はまず味噌汁を作るんです。貝でも豆腐でも、具は何でもいいのよね。田舎の福島から、よく手作りの味噌を送ってもらいましたよ。

靖次 香りが強くてうまかったな。味噌汁飲んだら4時には家を出て、これまでは築地、今は豊洲市場で各問屋を回って魚を仕入れます。朝めしは、場内の食堂でね。今は三男が後を継いでくれたから、仕入れはあいつに任せることも多いんだけど、倅(せがれ)はまだもたもたしてて食堂で食べる時間がなくて、おに

8/2(日)営業
土用丑の日
予約受付
マスクの着用

ぎりを車の中で食べるんだ。

礼子　仕入れから帰ったらすぐ、配達が待ってるんですよ。保育園や介護施設に納めるんです。

靖次　うちの店は、戦後すぐの闇市からですよ。親父の実家が千葉の富浦で漁師をやってたから、その魚を仕入れて今の吉祥寺駅前のハモニカ横丁辺りで売ったのが始まりです。昭和24年にここに来てからは、船橋の市場で魚を仕入れてました。当時は引き売りっていって、電車に乗ってね。籠を背負って、親父は木の箱に魚を詰めて自転車で近所のお得意さんを回ってました。だから、店にいるお袋の手伝いを子どもの頃からさせられましたよ。「イカを一杯分、天ぷらにしてね」なんて注文がくると、お袋が揚げたのを近所の家まで持って行くんです。刺し身だけじゃなくて、魚を焼いたり揚げたりして、届けに行くところまで当時はやったもんね。

礼子　だから、お義母さんは天ぷらが上手でしたよ。私なんか、結婚するまで天ぷらを揚げたことがなかったから。私の出身は福島で、叔父の紹介で吉祥寺の呉服屋さんに勤めていたんです。そしたら、23歳の時にお見合いの話があって。

靖次　この人なら、両親と妹2人が同居でも大丈夫かなって思ったんです。でもあの頃、魚を喜んでは食べてなかったよな。

礼子　私が育ったのは内陸だったから、新鮮な魚を食べてなかったんですよ。クジラの味噌漬けとかドジョウくらいで。今は、何でも好きですよ。

靖次　市場に通って、50年になります。でもさ、今だって自分で包丁を入れて「あ、失敗」ってこともあるし、安いのが意外と当たりだったりもする。並んでる魚を見て、一瞬で見極めないといけないからね。例えば、ヒラメを買う時に問屋に値段を聞いたとするでしょ。「キロ3000円」って向こうが言う。それで決めない場合は、〝足を抜く〟って業界では言うの。よそへ行って同じようなヒラメを見つけて、「キロ3500円」って言われたとする。それで最初の店に戻るのは、商売として違反なのよ。それは、なし。俺みたいな頑固親父だったら、足抜いたやつには絶対売らないよ。お互い商人だろ、ってことだよ。3000円っていうのはまけた金額なんだから、今さら来たってダメだよってこと。だからさ、倅にはそこをうまくやれよって言ってるの。大事なのは、経験と信頼関係だよね。だから、面白いのよ。朝3時に起きてでも、毎日行くのよ。

礼子　うちは、男のお客さんも多いんです。「1人分の刺し身の盛り合わせをお任せで」とかね。

靖次　夏の間は、うなぎをやるんです。親父がこだわってたから。生きてるのを捌（さば）くんだけど、止（とど）めを刺したら、一発で割かないといけないの。途中で骨に触ったら大変だよ。まだ身が生きてるうちに火にかけると、ぎゅっと縮んでふっくらするんですよ。まだ倅は捌けないかな。でもね、俺が苦手な串刺しが上手なんだ。それと、焼くのもあいつがやると丁寧だな。俺は息子たち3人には、継げなんて言ったことはなかったの。だって、俺は小さい頃から「早く大きくなれ」って言われてたし、いつも手伝わされて嫌でたまらなかったから。それがさ、7、8年前に「俺やろうか？」って三男が言うから、嬉（うれ）しかったね。

礼子　二人だったら、辞めてたね。

靖次　8月になってうなぎが一段落した頃、息子たち家族や妹家族も呼んでうなぎパーティーをやるんです。それまでの間は、我々はうなぎを食べてないの。その日、白焼きとかば焼き両方を用意して皆で飲むんだけど、これが、うめえんだな。今行きたいのは、釣りだね。休みの日にはよく行ったよ。アジとキスを釣りたい。やっぱりね、釣ったばかりのアジはうまいよ。全然違うよ。

礼子　本当に魚が好きなのよね。

39

結婚して一番喜んでるのは父ですよ

武蔵野園 釣り堀

釣り堀・食堂（杉並区大宮）

右
青木麻衣子さん
昭和52年（1977）生まれ／東京都杉並区出身

左
青木大輔さん
昭和42年（1967）生まれ／東京都杉並区 大宮出身

大輔　「いつでも釣りができるね」ってよく言われるんですけどね、案外やらないものですよ。

麻衣子　私も19歳で初めてここに来た時に釣りをして、その後数回かなあ。最初は、父に連れられて来たんですよ。「タンシチューが美味しい店でランチしよう」って誘われて、その前にちょっとここで釣りをするって話だったんです。実際は、お見合いみたいなもんですよ。

大輔　僕が高校野球で甲子園に出ていた頃から、お義父さんは練習や試合を見に来て応援してくれてたんです。地元野球部ってことで。僕がここを継いだら、近いからよく遊びに来てくれて「うちの娘どうだ？」って。彼女とは10歳違うんですけどね。

麻衣子　結婚して一番喜んでるのは父ですよ。そう

清酒
A-1 SAKE of

39

いえば、うちの一番下の息子が小学5年生なんですけど、友達が「釣りしよう」って言うと、しぶしぶって感じで付き合って、本人は「野球やろうよ」って言ってますね。

大輔　和田堀公園の中にぽつんとある環境なんでね、遊ぶ場所には困らないんですよね。僕も子どもの頃は、自転車で探検してる方が楽しかったですから。

麻衣子　昔は、この辺りはすごく賑やかだったって、じいじ（義父）が話してくれるんですよ。射的場があったり、猿がいる猿ケ島があったって。

大輔　今は都立公園ですけど、前は個人の土地だったそうです。僕の祖父が釣り堀を始めたんですけど、釣り堀をやる前には、プールをやったりボート場をやったりしたそうです。アイデアをいろいろ持ってた人だと思うんです。今でも覚えてるのは、「ここでビアガーデンをやればいい」って言ったんですよね。今これを見たら、喜ぶかもしれない。でも、親父は反対したんですよ。

麻衣子　食堂になってるこの場所、5年前まで池だったんです。

大輔　いや、今も建物の下は池ですけどね。バイトの子に手伝ってもらいながら、自分で建てたんですよ。設計図もなし。パイプを組んでその上に板を張って。いつでも元通りにできるように、池を埋めない方法でやったんです。親父に遠慮もあって。でもありがたいことに盛況になったんで、今年に入ってから建て増ししました。わざわざ食事に来てくれる

人も増えましたね。

麻衣子 冷暖房付きで、快適になったよね。

大輔 台風は平気なんですけど、怖いのは雪ですよ。最初の頃はビニールを張っただけだったので、雪の重みで天井が落ちたんです。その後は、ポリカを使って造り直して、天井に井戸水が流れるようにしたからもう大丈夫かな。この前ね、会社のイベントで使いたいって言われて、立食形式で180人が入ったんですよ。実は、ヒヤヒヤしたんです。

麻衣子 前もって皆さんに言ったんですよ。もし、万が一、足元がミシミシいったら急いで逃げてくださいって。

大輔 あれで、自信が持てましたよ。僕ね、本当はこの仕事を継ぐ気はなくて、大学を出て証券会社に勤めたんです。でも祖父が体を壊した時「俺の目の黒いうちに継いでくれ」って。今は子どもの数も少ないし遊び方も変わってきて、釣りに来るお客さんは減ってます。いろいろと考えないと。昔は金魚専用の池もあったし、タナゴ釣りもやってたんです。問屋さんが辞めちゃってね。

麻衣子 金魚は可愛(かわい)かったよね。

大輔 前は一番奥の池がヘラブナ専門だったんです。自分用のいい竿(さお)を持ってくる常連さんたちが、一日中じーっと座って釣っていましたね。ただゴールデンウィークとか混雑する時、その池だけすいてて、常連さんたちが座っててね、知らない人や子どもが行くと嫌がられちゃう。ちょっと難しくもあったんです。うちの父親はそのまま残したかったんですけど、食堂の建物を造るにあたって、ヘラブナ専門の池をやめたんです。今は、コイとヘラブナを入れた池になってます。

麻衣子 今朝、コイを500キロ入れたってじいじが言ってました。今日のお客さん、いっぱい釣れたって喜んでたよね。じいじは、毎日受付にいます。うちは3人子どもがいるんですけど、下2人がまだ赤ちゃんだった頃、じいじが受付で下の子をおんぶしてくれて、私が真ん中の子をおんぶして厨房に立っていました。あの時は本当に助けられましたよー。そうそう、たまに池に落ちる子がいるんです。そうすると、子どものお父さんが慌てて飛び込むんですけど、お父さんを引き上げるのが大変で。

大輔 僕も小さい頃、よく落っこちましたよ。

40

お客さんに聞かれて「ない」っていうのが嫌だから

ファミリーショップしおや
スーパーマーケット（練馬区石神井台）

右
塩谷まつさん
昭和17年（1942）生まれ／群馬県太田市出身

左
塩谷仁（まさし）さん
昭和12年（1937）生まれ／山形県米沢市出身

まつ　まさか私が商売やるなんて、思っていなかったのよ。農家と商人のところには嫁に行かない、って思ってたんだもの。それに比べてお父さんは八百屋の息子だから、やっぱり違うなって思う。

仁　私はね、20歳で山形県の米沢から上京してきて、高円寺の漬物問屋で働いたんです。問屋だけど、加工もしてた。たくあん、らっきょう、生姜（しょうが）がメインでね、三輪車に一斗樽を積んでお得意さんの小売店を回りましたよ。今のうちみたいな小売店が、当時いっぱいあったのよ。30歳手前で独立してね、店は構えずに車1台で商売を始めたの。漬物や山形の雪割納豆をお得意さんに卸す仕事です。そのお得意さんの一つに、この人のお姉さんの店があったの。

まつ　そうなんですよ。私は群馬県の太田で育った

手作りサラダ
銀鮭
¥178
あっさり味

んですけど、姉が嫁いだ先が中野にある商店でね、うちみたいに煮物なんかの総菜も作って売る店だったんです。私の実家は農家だったんだけど、姉に子どもが生まれたんで、手伝うために東京に出てきたんですよ。

仁　私は配達で行くと、いつも昼ご飯をその店の奥で食べてたんです。ご飯さえ持って行けば、煮物やら何やら売ってたから。

まつ　お父さんはその当時車1台で商売してたから、私は結婚してすぐは専業主婦だったの。その後、この場所で店を始めたんです。安く建てたもんだから、大風が吹くと揺れるような家だったのよ。

仁　店を持ちたいと思って不動産屋を回ったら「あんたなら保証人になってやるよ」ってそこの社長が言ってくれて、銀行からお金を借りることができたんです。運がいいんだよね。今の半分のスペースで、店を始めたんです。まずは漬物を並べてね、そのうち冷蔵庫を入れて、干物とかも置くようになった。卸もしながら、自分でも商品を仕入れるようになって、忙しかったなあ。

まつ　店に商品を置くと、すぐに売れたの。それでね、私も何か作ろうかなって思って、まず金時豆を煮たんです。うちで食べるようなものを作るのがいいんだって、お父さんに言われて。

仁　何も凝ったものを作ることないの。家の味がいいよ。奥さんたちが買いに来た時に「昔あたしが煮たのと一緒だわ」って、買ってくれるから。

まつ　だからね、切り干し大根やひじき、芋がら、ゼンマイなんかを毎日煮るんですよ。「美味しかったわー」ってお客さんに言われると、嬉しくなってまた一週間頑張っちゃうわけよ。

仁　料理が好きなんだよ。だって、朝からずっと煮物作ってても、夜自分たちの食べる分の里いもを、さっと煮ちゃうんだから。

まつ　あら、好きなのかしらね、気づかなかった。

仁　40歳の時、隣の土地を買ったんです。倍の広さになって、店を新しく建て直そうとしたんですよ。そしたらこれのお袋が、40歳は年回りが悪いって。

まつ　そうなの。実家近くのよく当てるっていう神社の神主さんが、「あと5年待て」って言うもんだから、お父さんが45歳の時、重量鉄骨の今の店（兼自宅）を建てたんです。

仁　広くなって、品数も増えていったんです。商人っていうのはさ、お客さんに聞かれて「ない」っていうのが嫌だから。菓子、日用品、ノートや電球、雑誌ってね。魚や野菜は特にこだわって仕入れてます。毎朝5時半くらいに家を出て市場に行くんだけど、昔は市場内だけで1万歩以上歩いたんですよ。今は娘が仕入れに付き合ってくれるようになって、楽になりました。

まつ　周りからも珍しいって言われるんだけど、うちは娘2人が手伝いに来てくれて、今も家族4人で店をやっているんです。娘たちは小さい頃、よく言ってたのよ。「お嫁に行くなら絶対にサラリーマンがいい」って。それと、「スーパーに行ってかごを持って買い物するんだ」って。確かにサラリーマンと結婚したの。

仁　でもさ、カエルの子はカエルなんだよな。こうして一緒にやってるもんな。今は婿さんたち、孫たちも一緒に家族9人で旅行に行くのが楽しみです。

まつ　この商売しながら、海外にも随分旅行したんです。シャッター閉めて行っちゃうの。店が潰れたと思った人もいたと思うよ。それでびっくりしちゃったのは、「旦那さんとよく旅行になんて行くわね」って周りから言われたのよね。そういうもの？だって、よその親父と行くより楽じゃない？って思うんだけど。

仁　本当になあ。うちのと行くのが一番いいんじゃないか、って思うけどね。

おわりに

「東京商店夫婦」なのだから都内をまんべんなく取材しなくちゃ、と思った私は、まず東京都の地図をコピーして、仕事部屋の壁に貼った。取材に行ったら、地図に印をつけていこう。この時、23区の面積が都全体の3割程度にしかならないことに改めて驚いた。東京は思っていたよりもずっと広い。東西に広がる地形を手でなぞってみると、なんだか俄然(がぜん)やる気がわいてきた。

実は、私たちには強力な助っ人がいた。『散歩の達人』編集部の、渡邉恵さんだ。同誌での連載を提案してくれたのが渡邉さんで、「夫婦で夫婦の取材をしたい」という私たちの企画を面白がってくれた。「商店の取材であれば、東京に限定するのはどうでしょう」と言ったのも、渡邉さんだった。東京はいろいろな人が集まって暮らしている。都民になって20数年。群馬の田舎から上京してきた私も、そこに含まれる。日本をぎゅっと凝縮したような東京都。そこから見えてくるものは、何だろう。

1回目の取材先は、「気になる布団屋さんがある」という渡邉さんの嗅覚に従い、鹿島さんを訪ねることになった。住居兼の店舗には、花柄模様の綿布団が重ねて置いてあった。見たところ、住宅地にある昔ながらの普通の布団屋である。ところが、店舗横の階段を上がっていくと、予想外の展開が待っていた。見たことがないような特殊な機械と、ふかふかの綿。機械が動くと、リズミカルな音とともに綿が踊りだす。わあ、すごい、と思わず声が出てしまう。

そして、思ったのだ。皆これを知っているの？　店先に積まれた布団を見ても、まさか店の隣で秀夫さんが、綿まみれになりながらインドから輸入した綿をより分けたり機械にかけたりして布団づくりをしているとは、思ってもいないんじゃないだろうか。申し訳ないけれど、数分前までの私がそうだった。

鹿島さんの話を聞きながら、祖母の家に泊まった時の、やたら重くて冷たい綿布団を思い出して懐かしくなった。あの踏みしめたみたいな布団だって、鹿島さんの機械にかけたらふわふわに変身するのだ。取材の帰り道、一つ一つ思い返しては、夫婦二人で興奮していた。ポートレート撮影での、鹿島さん夫婦のちょっとした距離間。秀夫さんが席を外した時、待ってましたとばかりに言った廣子さんの一言「お父さんは私の名前を一度も呼んだことがないのよ」。夫婦揃ってのインタビューの場合、一人が喋っている時、もう一人は黙っているしかない。でも、何か言いたくてうずうずしているのがわかる。その間合いとか、思わぬ方向へ転がっていく会話とか、そういったものが新鮮だった。「これでいこう」と了と言い合った。なんだか、面白くなりそうだ。

　あとは、人探しである。商店がいっぱい並んでいそうな所、とりわけ「○○銀座」とか「○○商店街」というような場所を歩くようにした。ただ、駅前の賑わっているような所は、チェーン店が多い。そのうち、住宅地にぽつんとあるような店が、地域に馴染んで愛されていることもわかってきた。歩いていて、いいな、と思えば、足を止めた。和菓子屋で饅頭を買えば、必ず奥をのぞき込んだ。まんじゅうを作っているのは、このご婦人の夫だろうか、息子だろうか。飲食店に入れば、あの人とそっちの人は夫婦だろうか、いやパートさん？　ちらちら様子を窺った。でも、わからない。直接、「ご夫婦ですか？」とは聞きにくい。取材のための偵察、と思われるの

at the end

も嫌だ。歩いて歩いて収穫ゼロ。勇気を出して直談判するも、あっけなくお断り。そんなことは、しょっちゅうだった。

　そんなわけで、取材を受けていただいた54組のご夫婦には感謝しかない。このたび、書籍化にあたって全員に登場していただけないことが、申し訳なくてたまらない。

　ここで「中華こばやし」さんのことを、記したい。私たちが取材でお邪魔したのは、秋の終わり頃だった。ちょうど親戚から庄内柿が届いたところで、いくつか手土産に持っていくことにした。柿好きだったらいいなあ、と思いながら店の暖簾（のれん）をくぐる時、見上げると2階のベランダに干し柿が吊るしてあった。私が差し出した紙袋を見て、友子さんが「まあ、私柿が大好きなのよ」と、それこそ目を輝かせて喜んでくれたのが印象的だった。その日話をする中で、「おとうさん、頑固なのよ」と何度も友子さんが顔をしかめてみせると、まあな、と保男さんが低い声で応じるのが微笑（ほほえ）ましかった。保男さんのちょっとぶっきらぼうな言い方は、照れの裏返しに見える。

何十年も連れ添っていろいろあったよなあ、というのが二人から滲（にじ）み出ているようで、いい夫婦だな、と思った。私たちはその後も何度か店に足を運び、二人に会えるのを楽しみにしていたのだけれど、2年後、小林さんは店を閉めたのだった。

　連載を本にまとめるにあたり、小林さんにも電話

おわりに

を入れた。友子さんが出るものと思っていたら、受話器を取ったのは保男さんで、「ちょっと待ってね」とテレビの音量を下げた。しーんと静かになった向こう側で、保男さんが、「うちのが死んじゃったんだ」と言った時、言葉が呑み込めなかった。店を閉めた後、店舗を兼ねた自宅を建て替える間、友子さんの実家がある栃木県で過ごしていたそうだ。秋、柿の実がなると、友達や親戚にも送ってあげよう、と皆の喜ぶ顔を想像しながら友子さん自ら木に登り、柿をもいでいて落下してしまったという。

もう年なんだから、気をつけろって、言えばよかったんだ。どうして言わなかったんだろうなあ。

保男さんの無念を思うと、私など何も言葉が出なかった。柿が好きなのよ、と言った友子さんのあの笑顔を、私は忘れない。友子さんのご冥福を、心よりお祈りいたします。

「もとは他人、の暮らしと商い」これは、雑誌に連載した時のキャッチコピーだ。そう、夫婦とはもとは他人なのである。この企画が動き始めた時、担当の渡邉さんが言った。「いかにも仲がいい夫婦が、苦労を共にしてきましたっていうステレオタイプばかりじゃなくて、実は仲が悪いとか、性格が違って本当は難しいんです、なんてふうにいろんなケースがあるんじゃないかと思うんですよね」。うん、うん、確かに、と頷いたのを覚えている。すごく仲が悪い夫婦にも会いたいもんだ、なんて思っていた。

浅はかだった。だってそうだ。怒鳴り合う夫婦が営む店に、客として通うなんて嫌である。いや、もっと言えば、仲の良し悪しなんかを超えたものが存在しているのが、商店夫婦だった。商いに日々喜びがあり、互いに協力し合う。尊重し合う。会話がある。幸せってこういうところにあるんだろうな、と思わずにいられなかった。

取材を続けるなか、新型コロナウイルスという思いも寄らなかった事態にもぶつかった。今まさに厳しい状況にある人もいるはずだ。商店を続けるということは、そうでなくとも山あり谷ありに違いない。この状況もなんとか乗り切ってほしい、いや、ともに乗り切りましょう。

取材に協力してくださった皆さま、ありがとうございました。心から感謝いたします。

Store information

1

鹿島製綿工場

（2016年9月取材）

昭和30年（1955）に製綿工場として創業、工場隣で布団屋も始める。インド輸入の原綿を秀夫さんのこだわりで調合。値段、サイズなど希望に合わせて仕立てることも。大田区上池台3-44-18　☎03-3729-0593

2

カットハウスシモヤ

（2016年12月取材）

昭和31年（1956）開業、3代続く理容店。男性カット（シャンプー・シェービング）、女性シェービングなど。女性客にも顔剃りやマッサージが人気。武蔵野市吉祥寺南町5-1-8　☎0422-43-0041

3

山栄食品

（2017年1月取材）

明治6年（1873）創業。青物問屋が30数店軒を並べた「やっちゃ場」の頃から営業、和久さんは5代目。こんにゃくは群馬県産こんにゃく粉（特等粉）で。足立区千住河原町26-3　☎03-3881-2200

4

パリーシューズ

（2017年2月取材）

霜降銀座商店街の靴屋。「あの靴置いて」の声に応えて商品を仕入れ、子どもも靴から介護靴、安全靴まで幅広い品揃え。3代目の息子・翔志さんは靴の修理も行う。北区西ケ原1-60-4　☎03-3917-0321

5

御生菓子司 いゝ島

（2017年8月取材）

昭和42年（1967）創業の和菓子屋。柴又帝釈天からも徒歩圏内。季節の上生菓子やフレッシュゼリー、コーヒーモカどら、赤飯おにぎり、いなりずしなどご飯ものも。葛飾区柴又1-17-1　☎03-3608-2715

6

菅谷精米店

（2017年3月取材）

工業地帯として開発が進んだ豊洲に、昭和29年（1954）、先代の辰夫さんが米の配給所を開く。商業施設が増え人気エリアになった今も、地域の食卓を支える。江東区豊洲4-2-7　☎03-3531-2038

7

ライフテクト イトウ

（2020年8月取材）

街の電気屋。パナソニックの家電製品の販売と手厚いメンテナンスを行う。「トンデ行きます」をモットーに電話一本で自宅を訪問。補聴器も扱う。八王子市中野町2728-17　☎042-624-7568

8

カネナカ豆腐店

（2018年1月取材）

椎名町本通り商店会にある昭和38年（1963）創業の豆腐店。茨城県産の大豆「里のほほえみ」と天然にがりで作る絹豆腐、木綿豆腐、油揚げ、刻み油揚げ、生揚げなど。豊島区長崎2-14-13　☎03-3958-1841

9

秋山三五郎商店

（2018年4・5月取材）

明治時代より4代続く神仏具店。初代の秋山三五郎さん制作の神田多町の神輿は東京国立博物館に所蔵。仏壇の制作や彫刻のほか、代々神輿の制作や修理を行う。中央区八丁堀3-14-5　☎03-3551-0440

10

小山商店

（2020年1月取材）

大正3年（1914）創業。酒の他に灯油や駄菓子なども販売。全国の蔵元を訪ね、日本酒は800種類以上を扱う。焼酎、泡盛、ワインの品揃えも豊富。多摩市関戸5-15-17　☎042-375-7026

11
井上店
（2018年10月取材）

「井上商店」が平成30年（2018）より「株式会社井上店」に。プロパンガス、灯油販売のほか、パン屋や宿泊&バーベキューハウス運営。露天風呂やピザ窯も。西多摩郡檜原村人里2100-1
☎042-598-6307

12
喫茶 穂高
（2018年9月取材）

昭和30年（1955）創業。江戸切子の砂糖入れや北欧製の鋳物ランプなどこだわりが随所に。壁の絵画は季節に合わせてのり代さんが飾る。珈琲、トーストなど。千代田区神田駿河台4-5-3
☎03-3292-9654

13
福田屋染物店
（2018年11月取材）

祖父・浪次郎さんが洗い張り屋で商売を始め、父・幹次（けんじ）さんが染め物屋に。3代目の正数さんは100年以上変わらぬ手法の引き染めを行う。千代田区神田淡路町1-15
☎03-3253-6244

14
サトウサンプル
（2018年2月取材）

大正14年（1925）創業の食品サンプル屋。工場は埼玉県越谷市、店舗はかっぱ橋道具街の中央交差点に。ふわとろオムライス、いかげそキーホルダーなど。台東区西浅草3-7-4
☎03-3844-1650

15
三河屋
（2017年12月取材）

松陰神社通りの肉屋。ローストビーフや唐揚げなどの総菜も充実。焼き鳥は21種類。レバー、つくね、砂肝など。2階はインド料理『ジャキール』。世田谷区世田谷4-1-10 中ビル1F
☎03-3418-2291

16
小川産業
（2019年6月取材）

明治41年（1908）創業、きなこと麦茶を製造・販売。きなこは白ら産地に足を運ぶ佐賀県産大豆を使用。昔ながらの煮出す麦茶「つぶまる」など。江戸川区江戸川6-31-4
☎03-3680-4306

17
赤羽 美声堂
（2019年1月取材）

赤羽スズラン通り商店街で演歌、歌謡曲を中心にCDやカセットテープを販売。お稽古事に便利と、カセットテープを買い求めに遠方から足を運ぶ人も。北区赤羽2-1-20
☎03-3901-5512

18
明神湯
（2017年10月取材）

昭和32年（1957）創業、宮造りで天井が高く開放的な銭湯。銭湯絵師によるペンキ絵を楽しめる。おかまドライヤーも現役。男湯には庭園と縁側も。大田区南雪谷5-14-7
☎03-3729-2526

19
だがしの神米
（2017年9月取材）

川島商店街で昭和初期に開業した『神田米店』が、平成5年（1993）年ごろから駄菓子を置くように。子どもたちが「神米」と呼び始めたのが店名の由来。中野区弥生町3-28-1
☎03-3372-5087（神田米店）

20
金銀堂時計店
（2017年7月取材）

創業90余年。スカイツリーに一番近い、おしなり商店街にある時計店。時計の修理や電池交換、眼鏡の販売。眼鏡士が目の状態、生活環境に合うよう丁寧に調整。墨田区業平1-13-5
☎03-3622-8071

Store information

21 あづま屋文具店

（2016年11月取材）

清澄庭園や東京都現代美術館にほど近い深川資料館通り商店街にある文具店。ペンやノート類が所狭しと並ぶ店内の一角で、商店街のイベント準備も行われる。江東区白河2-4-16
☎03-3641-3452

22 立喰そば 八兆

（2019年11月取材）

昭和58年（1983）の創業から秘伝の「かえし」をつぎ足しで使う。かきあげそば、たぬきそばなど。土曜日は一手間かけたメニューも。世田谷区船橋1-9-45
☎03-3425-3956

23 洋菓子セキヤ

（2021年1月取材）

昭和43年（1968）創業の洋菓子店。カルピスバターを使うバタークリームはすっきりとした味わい。ダミエ、セキヤロール、おぐっこシューなど。荒川区西尾久7-10-3
☎03-3894-6628

24 小林ランドリー工場

（2020年11月取材）

昭和10年（1935）創業。夫婦ともにクリーニング師。オープンワッシャーでの洗いと脱水はすべて史明さんの手作業。カーテンや掛け布団にも対応。品川区西品川3-6-24
☎03-3491-3415

25 中華こばやし

（2017年11月取材）

メニューも味も昭和40年（1965）の創業からほとんど変えていない、庶民の味方の中華屋。ラーメン500円、半チャーハン350円、餃子500円、レバニラ炒め650円など。
※2019年6月閉店

26 あつみベーカリー

（2017年4月取材）

板垣さん夫婦と長女の親子（ちかこ）さんが営む住宅地にあるパン屋。種類豊富で順子さんが手作りするコロッケやメンチカツなどの総菜パンも人気。西東京市南町2-1-40
☎042-462-5120

27 定食あさひ

（2018年12月取材）

平成26年（2014）開業の定食屋。岩手焼魚定食（さば・ほっけ）、北海道放牧豚ロースとんかつ定食、日替り定食など。子連れやグループには2階の座敷も。三鷹市下連雀2-23-15
☎0422-24-8071

28 AsianMeal

（2019年3月取材）

大東京綜合卸売センター内にあるアジアの食材店。お茶やココナッツミルク、サバのトマト缶、青バナナなどのほか、ヨーコさん制作の猫カレンダーなど雑貨も。府中市矢崎町4-1
☎042-336-6399

29 握飯屋

（2018年7月取材）

注文が入ってから握るおにぎり屋。5個から（地域により10個から）宅配。元ラーメン屋が作るチャーシューおにぎりなどの定番のほか、週替わりのおにぎりも。小金井市東町4-5-9
☎042-388-3368

30 Piatti

（2019年5月取材）

イタリア食材店。生ハム、サラミ、チーズ各種、エトナ山麓の農場から届く裏ごしトマトの瓶詰やドライトマトなど。生ハムはパルマで購入したスライサーでカット。目黒区駒場4-2-17-1F
☎03-3468-6542

お店の情報

31 retouches
（2020年3月取材）

洋服のお直し屋。サイズ調整や、穴あき補正、デザイン変更など、実物を見て見積もり。ジーパンはリペアかリメイクか、要望に応える。世田谷区豪徳寺2-20-3 ☎03-6324-0966

32 とんとん亭
（2020年5月取材）

弁当も人気の食事処。唐揚・メンチ、焼肉・アジフライなど組み合わせも多種。客の9割は近隣のサラリーマンで、弁当は一日100食以上も。千代田区神田佐久間町3-21-6 横島ビル1F ☎03-3866-9360

33 ふな与
（2017年5月取材）

戦前は板橋、戦後は練馬にて3代続くうなぎ屋。次男・弘さんが3代目。蒸して炭火で焼いた浜名湖産のウナギに、甘すぎないタレが合う。うな重きも吸い付きなど。
※2021年3月閉店

34 今野書店
（2019年9月取材）

昭和43年（1968）、東上野で創業。地階はコミック、1階は文芸、実用書など豊富な品揃えで街に縁のある作家にも信頼されている。地元の学校の教科書販売も。杉並区西荻北3-1-8 ☎03-3395-4191

35 長府屋
（2019年12月取材）

祖父の安記さんが熊本で始めたお多福豆製造。その時の屋号が「長府屋」。以来商いを父・治吉さん、広一さんが代々引き継ぐ。作りたてのお多福豆の販売も。豊島区千早2-24-8 ☎03-3957-5026

36 十一丁目茶屋
（2020年2月取材）

創業120余年の高尾山の茶屋。山菜入りとろろそば・うどん、甘団子・焼き団子各1本と珈琲セットなど。テラス席からは山並みの向こうに江の島や横浜が見える。八王子市高尾町2179 ☎042-661-3025

37 小原青果店
（2020年9月取材）

ビルの1階、トンネルのようなつくりの「第一ストア」内で営業。巣鴨の豊島市場で毎日仕入れる旬の野菜が並ぶ。自家製のぬか漬けきゅうりなども人気。板橋区志村1-35-10 ☎03-3966-6211

38 おさしみ処 まるよし
（2020年7月取材）

昭和24年（1949）創業。1人前から刺し身の盛り合わせ可能で「2人分の海鮮丼にしたいの」とお任せの常連さんも。自家製の金目鯛の煮つけなども販売。武蔵野市中町2-17-8 ☎0422-52-3131

39 武蔵野園 釣り堀
（2019年4月取材）

昭和25年（1950）創業。竹ののべ竿と練り餌代込みで釣りが楽しめる。食堂としても充実。オムライスやチャーハンのほか、つまみながら酒も。杉並区大宮2-22-3 和田堀公園内 ☎03-3312-2723

40 ファミリーショップしおや
（2021年2月取材）

昭和41年（1966）に「塩谷商店」として創業。煮物や太巻き、焼きそばなど手作り総菜が評判。生鮮品から乾物、電球や軍手、文房具、線香まで幅広い品揃え。練馬区石神井台3-22-9 ☎03-3997-5768

阿部 了 あべさとる

1963年、東京都生まれ。
国立館山海上技術学校を卒業後、
気象観測船の「啓風丸」に機関員として乗船。
その後、シベリア鉄道で欧州の旅に出て写真に目覚める。
東京工芸大学短期大学部（現在の東京工芸大学）で写真を学び、
立木義浩氏の助手を経て、95年よりフリーランスに。
作品に、友人とその部屋を撮影した「四角い宇宙」、
ライフワークともいえるお弁当の撮影で、
2011年からはNHK「サラメシ」に
お弁当ハンターとして出演中。著書に
『おべんとうの人』、写真集『ひるけ』（ともに木楽舎）など。
16年より鎌倉女子大学主催「お弁当甲子園」の審査委員、
20年より千葉県館山市の「写真大使」に。

阿部直美 あべなおみ

1970年、群馬県生まれ。
獨協大学外国語学部卒業後、会社員生活を経て、
現在はフリーランスのライター。
夫・阿部了とともに、全国を回って弁当の取材を行う。
2007年よりANA機内誌『翼の王国』で
「おべんとうの時間」を連載中（単行本は現在
シリーズで4巻まで。台湾、中国、韓国、フランスでも刊行）。
夫婦での共著は『手仕事のはなし』（河出書房新社）も。
写真家の芥川仁氏と日本の里山を巡り、
暮らしや土地の魅力を伝える『里の時間』（岩波新書）や、
自身の家族について振り返る
『おべんとうの時間がきらいだった』（岩波書店）など。

東京商店夫婦

2021年6月21日　第1刷発行

写真　阿部 了
文　阿部直美
デザイン　寄藤文平＋古屋郁美（文平銀座）
DTP　小田光美
PD　十文字義美（凸版印刷）
発行人　横山裕司
発行所　株式会社 交通新聞社
〒101-0062
東京都千代田区神田駿河台2-3-11
NBF御茶ノ水ビル
編集部　03・6831・6560
販売部　03・6831・6622
https://kotsu.co.jp/

印刷・製本　凸版印刷株式会社

ISBN　978-4-330-03021-0

※本書は月刊『散歩の達人』にて2016年11月号から21年4月号まで
連載された「東京商店夫婦」の内容を一部加筆・修正したものです。